心理学越简单越实用

连山／编著

中国华侨出版社
北京

　　心理学是一门探索心灵奥秘、揭示人类自身心理活动规律的科学，它的研究及应用范围涉及与人类相关的各个领域，如教育、医疗、军事、司法等，对人的生活有着深远的影响。对于个体而言，企业管理、工作学习、人际关系、恋爱婚姻等都需要了解人的心理，都离不开心理学。可以说，心理学与我们的生存乃至发展息息相关。

　　生存要懂心理学。随着心理学的逐步发展，人们逐渐认识到心理学的应用范围越来越广，对人类生活所起的作用越来越大。首先，人类的健康与心理学密切相关。随着经济的飞速发展，社会的不断进步，人们的物质生活越来越丰富，但随之而来的是人们精神生活的匮乏。人们所面临的心理问题越来越多，诸如人际关系、夫妻关系、父母与子女之间的关系以及抑郁、焦虑、恐慌、嫉妒等心理问题日益凸显，因心理问题厌世、自杀的比率日渐升高，人们的心理健康受到前所未有的挑战。此外，在医疗康复过程中，心理学也发挥着重要的引导和促进作用。

发展要懂心理学。中国古代兵法强调："用兵之道，攻心为上，攻城为下，心战为上，兵战为下。"若想在竞争激烈复杂的社会中占有一席之地，除了必备的基本技能，掌握人的心理，也是成功的必备要素之一。掌握了心理学知识，就能更好地了解自己、读懂他人、认识社会，生活中的各种疑难问题也会迎刃而解；学好心理学，可以让自己在社交、爱情、职场、生活等诸多方面占据优势，从容不迫。

心理学被确立为一门学科，还只是 100 多年以前的事情。但这门年轻的学科如今已枝繁叶茂，目前，心理学已经在许多领域形成了分支学科，如基础研究领域包括发展心理学、认知心理学、变态心理学等；应用研究领域包括健康心理学、教育心理学等。面对体系如此庞大复杂的学科，想要系统地对其进行了解将是一项费时费力的浩大工程。为了让读者以轻松、高效、简明的方式快速读懂心理学，我们推出了这本《心理学越简单越实用》。

本书囊括了认知心理学、行为心理学、性格心理学、情绪心理学、人际关系心理学、决策心理学、营销心理学、投资心理学、两性心理学等多种心理学分支，将心理学知识与实际应用结合起来，内容全面，系统性强，语言精练，化繁为简，集科学性、知识性与实用性于一体，是一本实用、有趣的心理学。

目录

第三章 行为心理学
——秘密都在小动作里 /46

第四章 性格心理学
——了解真实的自己 /72

第五章 情绪心理学
——别让情绪失控毁了你 /93

第六章 人际关系心理学
——识人"心",才能得人心 /117

第七章 决策心理学
——选择比努力更重要 /144

第八章 营销心理学
——为什么价格越贵越好卖 /161

第九章 投资心理学
——投资是一场心理游戏 /187

第十章 两性心理学
——男人来自火星，女人来自金星 /209

心理学越简单越实用
XINLIXUE YUEJIANDANYUESHIYONG

第一章

走进心理学
——和我们生活息息相关的学问

~~~~~~~~~~~~~

心理学是什么

说起"心理学",很多人会感觉神秘莫测。人们甚至会想起许多奇异的东西来试图勾勒心理学的大概模样:魔术?意念控制?乾坤大挪移?黑洞……

心理学对许多人来说,的确是一门神秘奇异的学问,觉得看不见、摸不着,离自己的生活很遥远。实际上,这些都是人们的误解。心理和心理现象是所有人每时每刻都在体验着的,是人类生活和生存固有的。可以说,复杂的心理活动正是人区别于动物的一个本质。

"心理学"(psychology)一词源于古希腊语,意即"灵魂之科学"。心理学的历史虽然最早可以追溯到古希腊时代,但心理学作为一个专门的术语出现却是在 1502 年。有一个塞尔维亚人叫马如利克，在这一年首次用"psychologia"一词发表了一篇讲述大众心理的文章。此后过了 70 年，一位名为歌克的德国人出版了《人性的提高，这就是心理学》一书，这是人类历史上最早记载的以"心理学"这一术语发表的书。

在希腊文中，"灵魂"也有呼吸的意思。古希腊人认为人的生命依靠呼吸，呼吸一旦停止，生命也就完结。随着心理探索的发展，心理学的研究对象由灵魂改为心灵，心理学也就变成了心灵哲学。在中国，人们习惯认为思想和感情来源于"心"，又把条理和规则叫作"理"，所以用"心理"来总称心思、思想、感情等，而心理学则是关于心思、思想、感情等规律的学问，是研究人的心理活动及其发生、发展规律的科学。心理学与我们的生活密切相关，这是因为，人的任何活动都伴随着心理现象。通常说的感觉、知觉、记忆、思维、想象、情感、意志以及个性等都是心理现象，也称心理活动。

心理学是一门既古老又年轻的学科。人类探索自己的心理现象，已有 2000 多年的历史，所以说它古老。说它年轻，是因为心理学最初并不是一门独立的学科，而是包含在哲学中，直到 19 世纪 70 年代末，心理学才从哲学中分离出来，成为一门独立的专门研究心理现象的科学。尽管年轻，但科学的心理学有着巨大的生命力，它已越来越广泛地渗透于人们生活的各

◇ 每个人都是业余心理学家 ◇

可以说我们每一个人都是业余心理学家。就算是小孩子，也已经会揣摩别人的心思了。

妈妈生气的时候，孩子能从她的神情和语气上判断出来，而乖乖地停止胡闹。

一旦发现妈妈雨过天晴，孩子就又提出其小要求了。

作为父母，则知道如何正确地实施奖惩以纠正孩子的不良行为，使其养成良好的习惯。

上述这些现象都是基于对他人心理的观察和推论。也就是说，每个正常的人都能对他人在日常生活中的感情、思维和行为进行一定程度的推测。

个方面。

心理学是研究心理现象的科学。心理学研究心理现象，就是要揭示心理现象发生、发展的客观规律，用以指导人们的实践活动。

人们在工作、学习、生活中与周围事物相互作用，必然有这样那样的主观活动和行为表现，这就是人的心理活动，或简称为心理。具体地说，外界事物或体内的变化作用于人的机体或感官，经过神经系统和大脑的信息加工，人就产生了对事物的感觉和知觉、记忆和表象，进而进行分析和思考。人在实践中同客观事物打交道时，总会对它们产生某种态度，形成各种情绪。人在生活实践中还要通过行动去处理和变革周围的事物，这就表现为意志活动。以上所说的感觉、知觉、思维、情绪、意志等都是人的心理活动。心理活动是人们在生活实践中由客观事物引起、在头脑中产生的主观活动。心理活动是一种不断变化的动态过程，可称为心理过程。人在认识和改造客观世界的过程中，各自都具有不同于他人的特点，各人的心理过程都表现出或大或小的差异。这种差异既与各人的先天素质有关，也与各自的生活经验和学习有关。这就是所说的人格或个性。心理过程和人格都是心理学研究的重要对象。心理学还研究人的个体的和社会的、正常的和异常的行为表现。动物心理学研究动物的行为，这不仅是为了认识动物心理活动本身，也有助于对人类心理活动的了解。在高度发展的人类社会，人的心理获得了充分的发展，使人类攀登上动物进化阶梯的顶峰。心理学是人类为了认识自己而研究自己的一门基础科学。

自人类文明发展以来，就已经开始了对人的心理的探讨与研究。中国古代哲学、医学、教育和文艺理论等许多著作中，有着丰富的心理学思想。但心理学成为一门独立的科学还是19世纪的事。今天，心理学已是具有100多个分支学科的庞大科学体系了，诸如普通心理学、社会心理学、教育心理学、发展心理学、法律心理学、管理心理学、商业心理学、经济心理学、消费心理学、咨询心理学……都是心理学庞大科学体系中的成员，而且随着人类社会实践活动的发展，心理学的分支学科还会继续增加。

消除对心理学的误解

在日常生活中，当提到心理学时，一般人总觉得有些神秘。所谓"画龙画虎难画骨，知人知面不知心"，而心理学却能把大家认为不可知的"心"都知道了，这其中一定有特殊的门道，有奥妙诀窍。有的人因此认为心理学是一门了不起的"测心术"，更多的人则可能是半信半疑。

在日常生活中，人们对心理学还存有这样或那样的误解。

误解 1：心理学家知道我在想什么

现代心理学是一门研究人类心理活动的科学，但一般人对它却常有很大的误解。"你是学心理学的，那你说说我现在在想什么？"当有人得知某人是心理学专业的时候，他们常常会好奇地提出这样的疑问。

其实心理活动并不仅仅是指人当下的所思所想，它包含更丰富的内容。而心理学家也无法一眼看穿你的内心。

大多数人对心理学存有这样的误解，认为心理学家能够看透自己的心，知道自己的内心活动，认为"研究心理"就是揣摩别人的所思所想。

对心理学家的正确理解应该是：

心理活动并不只是人在某种情境下的所思所想，它具有广泛的含义，包括人的感觉、知觉、记忆、思维、情绪和意志等。心理学家的工作就是要探索这些心理活动的规律，即它们如何产生、发展，受哪些因素影响以及相互间有什么联系等。心理学家通常是根据人的外显行为和情绪表现等来研究人的心理，也许他们可以根据你的外在特征或测验结果来推测你的内心世界，但再高明的心理学家也不可能具有所谓的"知心术"——一眼就能看穿你的内心。

误解 2：心理学家会催眠

很多人对催眠术有浓厚的兴趣，因为觉得它很玄妙。提起催眠术，人们又往往想起心理学家。原因之一可能是对弗洛伊德的误解。弗洛伊德是著名的心理学家，既然他使用催眠术，那么心理学家应该都会催眠术。另外，这种误解可能是缘于几部颇有知名度的"心理电影"的误导，如国内的电影《双雄》中的黎明饰演的 Jack，他能在不知不觉中将人催眠，并替他办事。因而人们就认为心理学家能催眠。其实，这些影片描述的和心理学家使用催眠术的实际情况相差甚远，纯粹是艺术虚构或商业炒作。

对上述观点的正确理解是：

催眠术只是心理治疗的一种方法。催眠术源自 18 世纪的麦斯麦术。19 世纪，英国医生布雷德研究得出，令患者凝视发光物体会诱导其进入催眠状态。他认为麦斯麦术所引起的昏睡是神经性睡眠，因此另创了"催眠术"一词。但催眠的内在机制至今尚未完全搞清楚。催眠术的方法多种多样，但最常用的方法是：要求人彻底放松，把注意力集中在诸如晃动的钟摆和闪烁的灯光等某个小东西上，引导人们将注意力集中在想象中的星空等，然后诱发出昏睡状态。催眠前要先测定被催眠者的暗示性，暗示性高的人容易被催眠，能进入深度睡眠状态，

◇ 为什么会认为心理研究对象是非正常人 ◇

在现代，还是有很多人认为只有不正常的人才会去看心理医生，人们为什么会有这样的想法呢？

中国人比较内敛，有心理困扰大多自己调节，如果放在了台面上，就会被认为是很严重的精神问题；

为了满足人们猎奇的心理，媒体在表现与心理学有关的题材时喜欢选择变态心理，认为这样更具有炒作价值。

很多人是从电视、电影、报纸和杂志上认识心理学的，这很容易形成误解，认为心理学只关注变态的人。

此类人的催眠效果较好。在催眠状态下，人会按照治疗师的暗示行事，可能会有副作用，因此应该由经验丰富的催眠师来实施。

催眠术并非所有心理学家必然会的"招牌本领"。它只是精神分析心理学家在心理治疗中使用的方法之一。实际上，大多数心理学家的工作是不涉及催眠术的。他们更倾向于运用实验和行为观察等更为严谨的科学研究方法。

在国外，催眠术常用于帮助审讯嫌犯，以期使嫌犯在催眠状态下不由自主地坦白情况。现在，很多司法心理学家认为催眠状态下的问讯有诱导之嫌，很可能使嫌犯按着催眠师的暗示给出所希望的但并不公正的回答，所以对此持反对态度。

误解 3：心理学家的研究对象是非正常的人

很多人说他们走进心理咨询室是需要很大勇气的，可能还有过思想斗争："去还是不去？人家会不会认为我是精神病？朋友知道了会怎么看我……"这在一定程度上反映了很多人对心理学的看法：去心理咨询的人都是心理有问题的人，心理有问题就是变态，心理学家只研究变态的人，所以与心理学有关系的非专业人士都不正常。

对上述观点的正确理解应该是：

大多数心理学研究是针对正常人的。有些人把心理学家和精神病学家混淆了。精神病学是医学的一个分支，精神病学家主要从事精神疾病和心理问题的治疗，他们的工作对象是所谓"变态"的人，即心理失常的人。精神科医生和其他医生一样，在治疗精神疾病时可以使用药物，他们还必须要接受心理学的专业培训。与精神病学家不同，虽然临床心理学家也关注病人，但他们不能使用药物。除此之外，大多数心理学研究探讨正常人的心理现象，如儿童情绪的发展、性别差异、智力、老年人心理、跨文化的比较、人机界面，等等。

误解 4：心理学 = 心理咨询

作为一个新兴的行业，心理咨询蓬勃发展，越来越火。各种各样的心理门诊、心理咨询中心、心理咨询热线等不断涌现，通过不同的渠道冲击着人们的视听。再加上心理咨询师资格考试制度的实施，使心理学的社会影响力得到了极大的提高。这些动向使很多人一听到心理学就想起心理咨询，以至于使它成了心理学的代名词。另外，对大多数人来说，倾向于从实际应用的角度去认识这门学科。而心理学最为广泛的应用就是心理咨询或心理治疗，较之其他心理学知识更为大家所熟知，所以很多人将心理咨询等同于心理学。这是一种误解，正确的

观点是:

心理咨询只是心理学的一个应用分支。心理咨询的目的,是为了帮助人们认识和应对生活中的各种困扰,更幸福地生活下去。心理咨询的对象可能是一个人,也可能是一对夫妇、一个家庭或一个群体。通常,心理咨询是面向正常人的,咨询者虽然有各种心理困扰,但并不存在严重的心理障碍。如果是严重的精神疾病,那就要交给临床心理学家或精神病学家来处理了。

在发达国家,人们的工作、生活压力较大,因此心理咨询机构繁多。如日本的心理咨询机构,经常为人们所称道。当在工作、生活中面临巨大的压力时,就可以到自己的心理医生那里去宣泄,比如心理医生提供办公室和家庭设施,随便让顾客进行摔、砸等破坏性行为以充分发泄。当然顾客必须支付价格不等的咨询费用。

在国内,目前心理咨询机构多分布在一些高校、医院等地方,也有一些专门的咨询中心。这是一个专业性很强、责任重大的职业。从事这项工作的人必须有心理学专业知识,足够的实际技能培训,以及良好的职业道德。

误解5:心理学知识 = 一般常识

有不少人对心理学家所做的事情不屑一顾,认为他们花很长时间而得到的研究结果只不过是一些人尽皆知的常识。我们认为这样的评价是不公平的。心理学知识不是一般常识，它所研究的范围远远超出了一般常识。

误解 6：心理学就是解梦

这种误解的产生同样和弗洛伊德分不开。对于多数了解心理学的人来说，解梦是弗洛伊德的理论中最吸引人的部分。这是因为人们总是喜欢挖掘自己和别人内心深处的秘密，而梦被当作透视内心世界的一扇天窗。由于弗洛伊德的心理学家的"代表性"，许多人把弗洛伊德的理论等同于梦的分析，进而使解梦成为心理学的代名词。好莱坞的电影与此也是脱不了干系的，如《最后分析》是很多人对心理学的最初了解的来源。《爱德华大夫》是好莱坞第一部涉及精神分析的作品，票房成绩斐然，使精神分析题材开始在电影中盛行。这部影片的一个中心内容就是解梦，其中有一句经典台词，也是许多人以为的心理学家的口头禅："晚安。做个好梦，明天拿出来分析一下。"

但是解梦只是精神分析心理学家所使用的心理治疗技术之一，仅仅是心理学热带雨林中的一棵树而已，怎么能等同于整个雨林呢？

心理学有哪些研究方法

　　心理学研究的方法主要有观察法、测验法、实验法、个案法和调查法等，这些方法都属于科学性方法，具有一致的基本过程，即根据所要解决的问题提出假设，进行研究设计；采用恰当的方法技术搜集资料；按照一定程序进行结果的统计处理；最终进行理论分析，得出结论。

观察法

　　观察法是指在自然情境中对人的行为进行有目的、有计划的系统观察并记录，然后对所做的记录进行分析，以期发现心理活动变化和发展的规律的方法。所谓自然情境指的是被观察者不知道自己的行为正在受到观察。观察法一般适用于下面的条件：对所研究的对象出于多种原因无法进行控制的情况，以及研究对象在控制条件下会发生质的改变，或由于道德伦理等因素不应该对之进行控制的那些行为。观察法的成功取决于观察的目的与任务、观察和记录的手段以及观察者的毅力和态度。观察法是对被观察者的行为进行直接的了解，因而能收集到第一手资料。由于观察法是在自然条件下进行的，不为被观察者所知，他们的行为和心理活动较少或没有受到环境的干扰。因此，应用这种方法有可能了解到

◇ 观察法——考察和描述客观对象 ◇

观察法的实施步骤

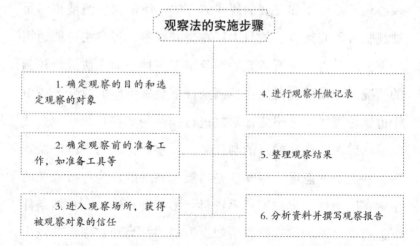

1. 确定观察的目的和选定观察的对象	4. 进行观察并做记录
2. 确定观察前的准备工作，如准备工具等	5. 整理观察结果
3. 进入观察场所，获得被观察对象的信任	6. 分析资料并撰写观察报告

心理学越简单越实用
XINLIXUE YUEJIANDANYUESHIYONG

现象的真实状况。

根据观察时情境的人为性，可以将观察分为自然观察和控制观察。前者是在自然情境中对被观察者的行为直接进行的观察，后者则是在预先设置的情境中进行观察。

根据观察时观察者与被观察者之间的关系，则可以将观察分为非参与观察和参与观察。前者是观察者不参加被观察者的活动，不以被观察者团体中的一个成员而出现；后者是观察者成为被观察者活动中一个正式的成员，但其双重身份一般不为其他参与者所知晓。

根据观察要求的不同，又可以将观察法分为非系统观察和系统观察。前者是日常生活中人们常用的一种方法，可以激发做进一步的系统研究；后者则是有目的、有计划地收集观察资料的过程。

为了避免观察的主观性和片面性，使观察时能够获得正确的资料，在使用观察法时应注意以下几点：

（1）观察必须要有明确的研究目的，对拟观察的行为特征要加以明确界定，做好计划，按计划进行观察。

（2）观察必须是系统的，而不是零星、偶然的。

（3）必须随时如实地做好记录。严格地把"传闻"与"事实"、"描述"与"解释"区分开来。如果能用录音机、录像机做记录，效果更好。

（4）应在被观察者处于自然状态的情况下进行观察。

测验法

测验法是指使用特定的量表为工具，对个体的心理特征进行间接了解，并做出量化结论的研究方法。使用测验法，第一，可以了解个体或团体的心理特征，如用智力量表测量儿童的智力水平，用人格量表了解人各不相同的心理特征；第二，可以探讨心理特征与外界因素的关系，如考察智力与学习成绩是否相关，性格内向是否影响社会交往；第三，可以比较不同个体或团体之间的心理差异。

测验的种类很多。按一次测量的人数，可把测验分为个别测验（一次测一人）和团体测验（一次同时测多人）。按测验的目的，又可把测验分为智力测验、特殊能力测验（性向测验）和人格测验等。

用标准化的量表来测量心理特征时应注意以下几点：

（1）选用的测量工具应适合于研究目的的需要。

（2）主持测验的人应具备使用测验的基本条件，如口齿清楚、态度平和，了解测验的实施程序和指导语，有严格控制时间的能力，并严格按测量手册上载明的实施程序进行测验等。

（3）应严格按测验手册上载明的方法记分和处理结果。

（4）测验分数的解释应有一定的依据，不能随意解释。

实施测验时要注意两个基本要求：测验的信度和效度。信度是指一个测验的可靠程度。效度是指一个测验有效地测量了所需要的心理品质。它可以通过对行为的预测来表示。

为了保证心理测验的信度与效度，一方面要对某种心理品质进行深入的研究。如我们对智力或性格的了解越深入，那么相应的量表就会越完善。另一方面，在编制心理量表时要注意严谨性和科学性。只有按科学程序严谨地编制出来的心理量表，才可能有效而可靠地测量出人的心理品质。

实验法

在控制条件下对某种行为或者心理现象进行观察的方法称为实验法。在实验法中，研究者可以积极地利用仪器设备干预被试者的心理活动，人为地创设出一些条件，使得被试者做出某些行为，并且这些行为是可以重复出现的。这是实验法与观察法的不同之处。

研究者在进行实验研究时，必须考虑到以下三类变量：

（1）自变量，即实验者控制的刺激条件或实验条件。

（2）因变量，即反应变量。

它是实验者所要测定和研究的行为和心理活动，是实验者要研究的真正对象。

（3）控制变量，即实验中除自变量外其他可能影响实验结果的变量。为了避免这些变量对实验结果产生影响，需要设法予以控制。总之，采用实验法研究个体行为时，主要目的是在控制的情境下考察自变量和因变量之间的内在关系。因此，实验法不但能揭示问题"是什么"，而且还能进一步探求问题的根源，即"为什么"。

用实验法研究心理学问题必须设立实验组和控制组，并使这两个组在机体变量方面大致相同，控制实验条件大致相同，然后对实验组施加实验变量的影响，对控制则不施加影响，考察并比较这两组的反应是否不同，以确定实验变量的效应。

实验法可分为实验室实验和自然实验。实验室实验是借助专门的实验设备，在对实验条件严加控制的情况下进行的。例如，我们在实验室中安排三种不同的照明条件（由弱到强），让被试分别在不同照明条件下，对一个短暂出现的信号做出按键反应，通过仪器记录被试每次的反应时间。这样就可以了解照明对反应时的不同影响。由于对实验条件进行了严格控制，运用这种方法有助于发现事件的因果关系，并允许人们对实验的结果进行反复验证。实验室实验的缺点是由主试严格控制实验条件，使实验情境带有极大的人为性质。被试处在这样的情境中，又意识到自己正在接受实验，就有可能干扰实验结果的客观性质，并影响到将实验结果应用于日常生活中。

自然实验也叫现场实验，在某种程度上克服了实验室实验的缺点。自然实验虽然也对实验条件进行适当的控制，但它是在人们正常学习和工作的情境中进行的。例如，在教学条件下，由教师向两组学生传授相同的材料。其中，甲组学生在学习以后完全休息，而乙组学生继续进行另外的工作。一小时后，再比较他们的回忆成绩。结果甲组学生比乙组学生成绩好。这说明学习后适当休息有助于知识的记忆。由于实验是在正常的情境中进行的，因此，自然实验的结果比较合乎实际。但是，在自然实验中，由于条件的控制不够严格，因而难以得到精确的实验结果。

个案法

个案法是收集单个被试各方面的资料以分析其心理特征的方法。通常收集的资料包括个人的生活史、家庭关系、生活环境和人际关系等特点的资料。根据需要，也常对被试做智力和人格测验，从熟悉被试的亲近者那里了解情况，或从被试的书信、日记、自传或他人为被试写的资料（如传记、病历）等进行分析。

个案法要求对某个人进行深入而详尽的观察与研究，以便发现影响某种行为和心理现象的原因。例如，通过个案分析，可以了解电视台的不同节目对个体行为的影响，也可以了解家庭破裂对儿童心理发展的影响，等等。个案法有时和其他方法

（如观察法、传记法、测验法等）配合使用，这样可以收集更丰富的个人资料。用个案法研究儿童的心理发展，在现代心理学中曾起了重要的作用。

个案法的优点是，能加深对特定个人的了解，以便发现影响某种行为和心理现象的原因。个案法的缺点是，所收集到的资料往往缺乏可靠性，而研究的结果也可能只适合于个别情况。因此，一般来说，个案法常用于提出理论或假说，要进一步检验理论或假设，则有赖于其他方法。

调查法

调查法是以提问题的方式，要求被调查者就某个或某些问题做出回答的方法。调查法可以用来探讨被调查者的机体变量（如性别、年龄、教育程度、职业、经济状况等）、反应变量（他对问题的理解、态度、期望、信念、行为等）以及它们之间的相互关系。根据研究的需要，可以向被调查者本人做调查，也可以向熟悉被调查者的人做调查。

心理学的研究方法远不止上述的几种。同时，上述几种研究方法都有各自的优点，但也有各自的不足之处。人的心理活动是非常复杂的，因此，研究人的心理现象不能只采用一种方法，应该根据研究的需要，灵活地选用几种方法，使之共同发挥作用，以便相互补充，使研究收到更好的效果。

◇ 调查法的两种方式 ◇

调查法可分为问卷法和谈话法两种方式。

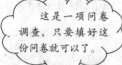

这是一项问卷调查，只要填好这份问卷就可以了。

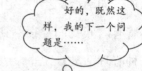

好的，既然这样，我的下一个问题是……

问卷法是指采用预先拟定好的问题表，由被试自行填写来搜集资料进行研究的方法。

谈话法是指研究者预先拟好问题，面对面向被调查者提出，从中搜集资料，对其心理特点及心理状态进行分析和推测。

问卷法可以同时搜集许多人对同类问题的资料，比较节省人力和物力。而谈话法一般不需要特殊的条件和设备，比较容易掌握。

心理学与生活密切相关

心理学是研究心理现象的科学，那么，心理学与生活到底有无关联，有什么样的关联呢？日常生活中，我们每做一件事、每说一句话，都受到一定的心理状态和心理活动的影响和制约，尽管有时候我们觉察不到。说一个人发脾气、闹情绪，这就是一种心理活动；说一个人扬扬得意、意气风发，这也是一种心理状态；说一个人品行不好、思想消极，这其实就是在作心理学研究了。心理学能够指导我们的生活，越是复杂的生活，越要懂得心理学的道理才行。懂得运用心理学管理自己，我们的生活才会幸福，才会有意义，我们的学习、工作才会有所成，我们和他人才会友好地相处。

人的心理和人的生活是相互影响的。人一降生，就是带着心理能量的，虽然这种能量是潜在的和不成形的。同时，一定的生活环境也会将这个刚出生的小家伙一下子包围起来。生活环境的差异对人的早期的心理发展有着深远的、导向性的影响。如果一个人出生在一个暴力家庭，他的心理就会发展不健全，可能会成为一个性格古怪、情绪反常、十分叛逆的人，他可能早早辍学，不愿回家，讨厌家庭，讨厌社会，甚至走上犯罪的道路。同样是他，如果出生在一个和睦幸福的家庭，他的心理就会健康地发展，自小懂得关爱和帮助别人，懂得尊敬长者，懂得好好学习，珍惜家庭，他将来会有一个幸福的人生。不同的生活环境造就人不同的心理，有不同心理特征的人会选择不同的生活道路。因而，我们可以说心理学与生活互相影响。

在生活中，心理学有着极其广阔的应用范围。例如，领导者和管理者学习和掌握劳动心理学和管理心理学知识，有助于企业管理的合理化，改善劳动者的心理状态和人际关系，加速掌握生产技术，促进生产技术革新，不断提高劳动生产率。教师掌握了有关的教育心理学知识，就能够根据人的认识活动过程的特点和规律，培养学生的观察力，指导学生有效地进行学习和牢记已学的知识、技能，帮助学生正确理解并掌握概念和教学内容，培养学生分析问题和解决问题的能力；还可以根据心理学的有关理论培养学生，使其具有高尚的情操、坚强的意志、共产主义的信念、远大的理想以及优良的性格等。这对进行教育改革、提高教学质量、实现教育工作的科学化都具有极其重要的现实意义。医学心理学知识有助于医护人员正确了解心理因素在疾病中的作用，开展心理咨询和心理治疗工作，不断增进人们的身心健康。另外，心理学知识对个人自我教育也有重要作用，它有助于自己分析和了解自身的心理特点，从而使人做到自觉地、正确地组织和调整自己的学习和各项有益于身心的活动，克服消极心理，发展积极的心理品质。

心理学在各领域中的应用

目前，心理学在人类生活中所起的作用越来越大，应用的范围也越来越广，心理学在工业、商业、医疗、军事、教育等领域得到广泛的应用，并且形成了许多分支学科。

工业与组织心理学

工业与组织心理学主要在工业、企业和组织机构里发挥作用，包括：在厂房设备安装、产品质量设计方面考虑到人的因素，可以更有利于促进生产，提高效率；在人事部门中知人善任是人才选拔、人员安置、人力资源合理利用等一切工作的基础；在企业中调动员工的积极性，协调关系，提高生产力，提高职工的满意度，这些都离不开心理学规律的应用。

商业心理学

商业心理学主要研究商业活动中人的心理活动的特点和规律，并运用心理学的原理和方法解决商业中有关人的一些问题。商业心理学包括广告心理学、消费心理学等。广告心理学研究如何把产品信息传达给群众，以更好地引起消费者的购买行为。消费心理学则以社会大众的消费行为为研究对象，考察消费动机、购买行为以及影响和促进消费行为的各种因素。

医学心理学

医学心理学是关于健康和疾病问题的心理学，主要研究心理因素在治病和维护健康方面的作用，以及医护人员和病人在医疗过程中的心理活动和行为特点。医学心理学还研究精神药物的作用、心理治疗的方法、病人的康复过程等问题。

军事心理学

在军事心理学主要研究在军事活动中人的心理问题，包括军事人员的选拔和分类、军事技能和武器的学习掌握过程、适合军事活动的个性心理特征、心理战术、宣传和反宣传等。

军事心理学上，军事组织就是一个小社会，其中的社会过程和关系，比如军官和士兵的关系、战争时群体内部情绪、军队士气的作用等，都是需要研究的问题。世界各国的军事心理学研究成果都保密，除非已经失去了军事价值，否则不会公开发表。

教育与学校心理学

教育与学校心理学是心理学的一个重要领域。作为教育科学的基础，其工作在于研究教与学过程中的心理规律，以提高教育、教学水平，改进师资培训和学业考试，并推动因材施教，培养学生健全的人格和创造力等。

◇ 学校心理学 ◇

学校心理学辅导人员有下面两个大的作用：

对在学校中学习有困难、有适应困难或某种问题行为的学生进行诊断和辅导。

协助家长和教师解决与学校有关的问题。

学校心理学是心理学的应用分支，是心理学与学校教育实践相结合的结果，是心理学应用和服务于学校的具体表现。

第二章

认知心理学
——耳闻眼见不一定可信

感知是如何运作的

我们有五个感官：眼、耳、鼻、舌、皮肤，通过这五个感官，我们可以获得外界信息。我们一生当中对所有事物的认知都是通过这五个感官获得的。我们的感官持续不断地受到外界信息的刺激，根据不同感官所受到的刺激，我们可以把感觉分为：视觉、听觉、触觉、嗅觉和味觉。其中，触觉可以分为外在的身体能够感知的感觉和内在的内心深处的感觉。

视觉信息的获得通常是由物体所发出的光线刺激视网膜上的细胞而获得的，这样我们就可以感受物体的形状、颜色、大小，等等。视觉是所有的感觉中获得信息量最大的，在我们所获得的信息中，有大概80%是来自视觉的。但是，我们的视觉往往也是最不可靠的，如视错觉等现象就说明这一点。

听觉给视觉所看到的五彩缤纷的世界配上了声音，这样我们眼前的世界就变得更加生动了。俗话说"眼观六路，耳听八方"，这说明我们耳朵的力量是十分强大的，它可以不受方向的限制，同时捕捉来自八方的信息。但是，和视觉一样，我们的听觉有时候也会出错。

触觉是通过皮肤来实现的，这种感觉不像视觉和听觉那样会骗人，它是很可靠的。在我们的身体各部位中，指尖的触觉是最为敏感的。

人类的嗅觉功能是通过空气中的粒子刺激我们鼻内的嗅觉细胞来实现的。嗅觉通常会随着内心的情感体验，如当我们闻到玫瑰花的芳香时，我们就会产生愉悦的情绪，心旷神怡；当闻到臭水沟的味道时，我们往往会掩鼻而过，免不了会抱怨几声。

舌头上的味蕾是专门负责味觉的，我们常说的酸甜苦辣咸说的就是味觉。人类的舌头是感受味觉的唯一器官，通常情况下舌尖对甜味比较敏感，舌的两侧对酸味敏感，舌根对苦、辣味比较敏感。

我们通过五种感觉来感知客观事物，并通过这五种感觉来表象，因此这五种感觉被称为"表象系统"，也称为"感元"。我们可以通过五种感元精确地描述身体和内心的感觉。比如，当我们观察一朵花的时候，首先感觉到花的形状和颜色，然后注意到花瓣的质感，接着凑过去闻闻花的芬芳。这朵花的信息就通过我们的眼睛、鼻子、皮肤等感官进入我们的大脑。

感元还可以用来描述思考过程的进展，比如当你想念一个你喜欢的人时，他（她）的样貌就会浮现在你的脑海中。如果有人问你最喜欢的动物是什么，你就开始搜索储存在大脑中的信息，你最喜欢的动物形象，以及它带给你的感觉就会浮现出来。

其实，在我们的日常生活中，纯粹的感觉是不存在的，感觉信息一经感觉器官传达到大脑，知觉便随之产生。这说明感知觉是一个连续的过程，它们共同对外界的信息进行加工，使得它们成为我们能够识别的、有意义的信息。举个例子来说，当我们看到一个圆圆的、红色的物体，同时又能闻到它香甜的味道，让人忍不住想吃，这些来自感觉器官的信息为我们提供了形状、颜色、味道等特性，然后将这些信息传入大脑之后，我们认出了"这是一个苹果"。在这里把感觉通道所传递的信息转化为有意义的、可命名的经验过程就是知觉。

即使是一个简单的事物，也会传达很多信息，所以，我们在了解一个人或一件事的时候，必须对信息进行筛选，否则就会被大量信息淹没。我们对信息的控制就像经过一系列的过滤器，只选择接受事物的一小部分信息，最终保留下来的信息形

◇ 同一物体的不同感觉 ◇

对于不同的物体有不同的感觉，但是，人们对同一物体的感觉也会出现不同，比如：

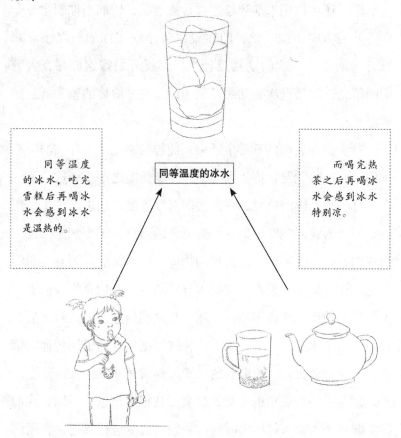

同等温度的冰水，吃完雪糕后再喝冰水会感到冰水是温热的。

同等温度的冰水

而喝完热茶之后再喝冰水会感到冰水特别凉。

这就是因为冰水与雪糕和热茶对比时，温度给人的感觉会不同，给人造成一定程度的错觉。

心理学越简单越实用
XINLIXUE YUEJIANDANYUESHIYONG

成我们对世界的看法，也就是意识对物质的反映。

每个人对同一件事的感觉和看法有所不同，因为我们以不同的方式处理信息。信息过滤器对我们的一生有重要影响，我们的任何感觉和看法都带有强烈的主观色彩，就像戴上了有色眼镜，没有人能够完全客观地反映外在的世界。两个人可以经历完全相同的事件，却产生截然不同的情感。比如，两个人同时登台表演，其中一个人感到风光无比，另一个人却感到惊恐不安。

知觉就是个体在以往经验的基础上，对来自感觉通道的信息进行有意义的加工和解释。在上述例子中，一个人在以前已经见过苹果长得是什么样子，并且吃过苹果知道它是什么味道，所以再次看到苹果时，个体根据以往的经验立刻判断出这是一个苹果。这就是感觉和知觉共同作用的结果。

人类学家特恩布尔调查过居住在刚果枝叶茂密热带森林中的俾格米人的生活方式，他描述了这样一个例子：居住在这里的俾格米人有些从来没有离开过森林，没有见过开阔的视野。当特恩布尔带着一位名叫肯克的俾格米人第一次离开他所居住的大森林来到一片高原时，他看见远处的一群水牛时惊奇地问："那些是什么虫子？"当告诉他是水牛时，他哈哈大笑，说不要说傻话。尽管他不相信，但还是仔细凝视着，说："这是些什么水牛会这样小。"当越走越近时，这些"虫子"变得越来越大，他感到困惑不解，说这些不是真正的水牛。这是一个十分有趣的故事，说明了以往的经验在我们感知觉中的重要性。

什么是鸡尾酒会效应

我们的耳朵似乎对声音有过滤功能。的确如此，我们的听觉能够从嘈杂的声音中听到自己想要听的声音，这是听觉具备的一种非常优秀的能力。因为在鸡尾酒会上，你和心仪的对象交谈的声音是你注意的中心，其他声音只不过是一种背景，所以无论其他的声音多么嘈杂都不会引起你的注意，因为那不是你所注意的。

心理学上有一个非常有趣的实验，就是给受试者戴上耳机，同时让他的两个耳朵听两种不同内容的声音，并让受试者追随其中一只耳朵听到的声音，然后让其大声说出他听到的声音。事后检查受试者的另一个耳朵听到了什么。在这个实验中，前者被称为追随耳，后者被称为非追随耳。结果发现，受试者一般没有听清楚非追随耳的内容，即使当原来使用的英文材料改用法文或德文呈现时，或者将材料内容颠倒时，受试者也很少能够觉察。这个实验说明，进入受试者追随耳的信息受到了注意，而进入非追随耳的信息则没有引起注意。但有趣的是，如果在非追随耳的内容中加入受试者的名字，受试者却能够清楚

◇ 什么是鸡尾酒会效应 ◇

如果你正专注地和一个你心仪已久的对象交谈，即使噪声再大，你仍能听清对方的每一句话。

这时你听不到周围人在说什么，但是，如果某个角落里突然有人喊你的名字，你马上就会警觉起来。

有时候，你还能听到很熟悉的声音，你会想是不是你的朋友也来到了酒会。

在这个鸡尾酒会上，你听到了你要听的：心仪对象的声音、你的名字和熟悉的声音。在心理学中，这种现象被称为鸡尾酒会效应。

地听到。这说明我们的耳朵具有选择的功能，只对与自己有关的信息进行关注。

声音中隐藏着无穷的乐趣，在生活中我们还会发现关于声音的另一个非常有趣的现象。比如，我们的闹钟放在自己的房间里，平时我们在房间里进进出出，和好朋友聊天，玩电脑游戏，看电视，等等。这时我们完全听不见闹钟嘀嘀嗒嗒的声音，但是当晚上我们躺下睡觉的时候，周围静悄悄的，我们就能够很清楚地听到闹钟嘀嘀嗒嗒的声音。这种现象说明，有其他声音，如和朋友聊天的声音或电视的声音时，闹钟的声音就被掩蔽了，所以我们听不到。又如，在安静的房间中，一根针掉到地上都能听见，可到了大街上，就算手机音量调到最大，来电时也未必能听见，而手机的声音确确实实是存在的，原因就是被周围更大的声音遮蔽了。这种现象被称为"掩蔽效应"。

在实际生活中，很多人利用人耳的这种特性来解决生活中的问题。比如，在鸡尾酒会效应中，人们对与自身有关的信息会比较关注。所以这个原则也可以用到人际交往中，为自己建立良好的人际关系。比如，当你刚进入一个新集体中，你可以尝试着尽可能地去记住每个人的名字，这将帮助你很快地融入集体中。同时，如果你很快记住了对方的名字，对方也会因为自己的名字很快被别人记住而感到心情愉快。再如，很多公司利用掩蔽效应来达到隔音的效果。担心公司内部会议的内容被外人听到，可以播放一些背景音乐或者将空调的声音调大一点，将会议中讨论的内容进行掩蔽，从而达到隔音的效果。

在看了上面的介绍之后，我们恍然大悟，原来声音中有那么多奇妙的事情，了解声音的秘密然后利用它，真是其乐无穷。说不定声音中还潜藏着更大的秘密，等着我们进一步地发掘。

人怎么能分辨出那么多张脸

在生活中，我们整日和形形色色的人打交道，而且还会不断地认识新的面孔，但是很少出现将这些混淆的情况，这就是一种特殊的能力，即面孔识别的能力。

人的面孔是由眼睛、鼻子、嘴、脸部的轮廓等组合在一起的，我们在对人脸进行识别的时候就是依据这些组合在一起的信息。所以，当我们看到一张面孔的时候，能够很快地辨认出对方是我们熟悉的人还是陌生人。关于面孔识别能力中所潜在的原理，目前科学家们并没有形成定论。

有一种解释认为，由于我们平时接触了很多人，根据以往的经验，在我们的大脑中就会形成关于人的面孔的模板，会无意识地将一些人的面部特征储存起来。当我们一个人时，就会将这个人的面部特征信息与我们大脑中的模板进行匹配，如果匹配成功，说明我们大脑中已经储存了关于这个人的信息了，这个人就是我们所说的熟悉的人。但是如果是一个陌生人，将他的面部特征信息与大脑中的模板进行匹配时，就会匹配失败。这样我们就会将这个人的面部特征的信息重新储存在我们的大脑中，下次如果再遇到这个人时就可以直接匹配了，这个人就成了我们所熟悉的人了。但是，对于这个说法很多人提出质疑，因为我们每天要和那么多的人打交道，每天都要接触很多陌生面孔。按照这样的说法，我们的大脑中究竟能够储存多少面孔呢？随着储存的面孔逐渐增多，我们在进行面孔匹配的时候要花费多长时间呢？在面孔匹配的过程中，我们是直接就能找到要匹配的模板，还是得一个一个进行匹配，直到找到相互匹配的面孔为止呢？目前，对于这些问题尚无明确的答案。

另外，有研究显示，面孔识别能力并不是人类所独具的。日本科学技术振兴机构（Japan Science and Technology Agency，JSTA）于 2008 年的研究报告称，刚出生的小猴子同样具有面孔识别的能力。在研究中，将刚出生的猴子隔离喂养，不让它们有机会接触任何面孔，向它们呈现人脸和猴子的脸的照片，并混同其他物体的照片。结果研究人员惊奇地发现，这些猴子虽然是第一次看到面孔的照片，却能很好地识别出来，但是对物体的照片就没有那么敏感。刚出生的婴儿和猴子一样，也具备天生能够识别人脸的能力，对于其中的奥妙，目前没有人能够解释清楚。

有些人声称他们对别人的面孔过目不忘，这种说法得到了哈佛大学心理学家的支持。他们发现有一种人可以被称为"超级识别者"，他们能够轻松地认出哪怕是多年前擦肩而过的面孔。

一项新的研究表明，不同的人在面孔识别能力上可能有很大差异。以往的研究已经确认，在全部人群中有2%的人属于"脸盲"，又称面孔失认症，表现为识别面孔非常困难。而这项新研究第一次发现另外一些人具有超常的面孔识别能力，这意味着面孔识别能力可能会有两个极端：面孔失认症和超级识别者。

研究者声称，"超级识别者"有一些惊人的经历，如他们能认出两个月前和自己在同一家商店购物的人，即使他们没跟那人说过话。他们不需要与别人有过特别的交流，照样能认出对方。他们能记住那些实际上并不重要的人，由此可见他们的面孔识别能力确实超出常人。参与研究的一名妇女说，她曾经在大街上认出一个五年前在另一个城市为她上菜的服务员。她非常准确地记得那个女人曾经在另一个城市做服务员。超级识别者往往能够在别人的容貌发生很大变化的情况下（如衰老或头发颜色改变）依旧认出他们。

人类不仅具备识别不同面孔的能力，同时还能够读懂面孔背后所隐藏的东西。比如，你可以发现温和面孔背后的假笑、漂亮背后的冷漠、慈祥背后的杀机、威严背后的邪恶，等等。关于人类的面孔识别还有很多奥妙等待科学家们去发掘，希望在以后我们能够有更多惊人的发现。

为什么有时感觉时间过得飞快，有时又过得太慢

生活中，你是不是有这样的体会，当你和恋人在一起时，你们亲密耳语，分享彼此间发生的有趣的事情，不知不觉你们约会的时间就过去了，于是你们依依不舍地分开，并期待着下次见面的时间。相反，当你在听一场很枯燥的报告时，你心里在想，怎么还不结束呢，为什么时间过得如此之慢，你开始烦躁不安地看着表，希望指针转得再快一点，甚至还会悄悄地溜走。

这只是我们的感觉而已，说不定你和恋人约会的时间和听报告的时间是一样的，或许和恋人约会的时间比听报告的时间还长呢，可是你为什么会感觉到和恋人约会的时间过得很快，而听报告的时间却过得如此之慢呢？

在心理学中，这种对某一事件持续时间的知觉称为时间知觉。

时间知觉主要有以下四种形式：

（1）对时间的分辨，是指能够将事件发生的先后顺序在

◇ 时间为什么有时快有时慢 ◇

对于同样的时间，为什么有时候我们会觉得它很长，有时候又会觉得它很短呢？

所以说时间是一样的，之所以会有时过得快，有时又慢，只是人的心理不同而已。

时间上进行区分，比如吃完早饭，紧接着去上课，下课后去购物，能够按时间顺序把这些活动区别开来。

（2）对时间的确认，就是知道今天是星期二，明天是星期三。

（3）对持续时间的估计，比如这节课已经过去了半小时，我已经等同学 15 分钟了等。

（4）对时间的预测，比如还有 1 个月就放暑假了，4 个月之后要在上海举办心理学大会，等等。

在本书开始所提到的例子中，主要是对持续时间的估计。而能够准确地对时间进行估计，对我们的生活和工作都有十分重要的意义。比如，一个老师要想成功地开展一节课，应该对时间做出恰当的安排，如先开展哪个环节、后开展哪个环节、每个环节大概要用多长时间，等等。但是，如果对时间估计不准确，则会使教学变得混乱。

时间是客观的，不管我们知觉它是长是短，它不会发生变化。真正出现差错的是我们的感觉，和视觉听觉一样，它有时候并不可靠。人是复杂的情感动物，所以在对时间进行估计时往往会加入自身的很多情感因素。

这就是所谓的错觉——在特定条件下产生的歪曲客观现实的错误知觉。人们在认识客观事物的过程中，经常会产生各种错觉。

错觉是人们日常生活的一部分，有时我们会因为它而感到沮丧、失落，有时也会自觉不自觉地享受着它给我们带来的好处。比如说，有时我们会利用"视觉错觉"来掩饰自己外形上的一些不足：身材偏瘦的人往往会穿上暖色宽松的衣服，可以使自己看上去丰满一些；"高低肩"的人可以穿双排纽的翻领上衣，因为这种上衣的翻领部位是不对称结构；上身短的人可以穿领口高、纽扣数量多的上衣，因为它能为观者的视觉提供更多的上衣面积。建筑、装饰、广告和艺术也常常通过"错觉效应"来获得期望的效果。比如，一个房间较小，在墙上涂上浅颜色，并在屋中央摆放一些较矮的沙发、椅子和桌子，房间看起来就会宽敞明亮一些。

"错觉效应"被广泛运用到商场中，其中最典型的是"时间错觉"。我们都有过乘车的经历，如果你坐在车上什么都不干，就会有一种度秒如度年的感觉。如果你一边坐车，一边看报或听音乐等，你就会发现时间过得飞快。这是由于你在看报或听音乐时，分散了对时间的注意力，从而造成了时间快的错觉。

一般商场都会放音乐，然而真正能让音乐起到预期效果的却不多。音乐对人的情绪有着很大的影响，乐曲的节奏、音量的大小，都会影响到顾客和营业员的心情。如果乐曲播放得当，主顾双方心情都好，主顾之间就会避免很多不必要的矛盾和冲突，商场就能够卖出更多的货物，取得更好的经济效益。否则，如果乐曲播放不当，往往会适得其反。

比如，在顾客较少时播放一些音量适中、节奏较舒缓的音乐，不仅能使主顾心情更加舒畅，使销售人员的服务更加到位，还能延缓顾客行动的节奏，延长顾客在商场的停留时间，增加随机购买率。而在顾客人数过多时应播放一些音量较大、节奏较快的音乐，这样会使主顾的行动随着音乐的节奏而加快，从而提高购买和服务的效率，避免由于人多而引起的主顾双方心情不好、矛盾冲突增多的情况出现。

总之，我们一方面要用科学、理性的头脑来认识错觉，避免因错觉造成的损失；另一方面，我们应该善于利用错觉来为我们服务。

近因效应，亲密关系的"杀手"

1957年，美国社会心理学家卢钦斯在《降低第一印象影响的实验尝试》一文中提出了近因效应。

文中卢钦斯描写了一个叫詹姆的学生的生活片段，其中一段描写了詹姆活泼外向的性格，他与朋友们一起去上学，在阳光下嬉戏，在商店里与熟人聊天，与前几天刚认识的女孩打招呼；而另一段表现的是詹姆沉静内敛的性格，描写他放学独自一人回家，走在街道上荫凉的一边，在商店里静静地等候买东西，见到前几天刚认识的女孩也不打招呼。

◇ 如何避免近因效应 ◇

如何避免近因效应发生在你的人际关系中呢？

1
    遇事要克制自己的情绪，说话要慎重，谦让大度一些，避免矛盾进一步激化。

2
    待人做事要善始善终，以免给人留下不良印象，影响自己的形象。

    如果真的发生了不愉快的事情，可以等双方都冷静下来的时候再进行沟通和交流，不给"近因效应"的产生创造条件。

卢钦斯以不同顺序对这两段材料加以组合：一种是将描写詹姆性格内向的材料放在前面，描写他性格外向的材料放在后面；另一种顺序则刚好相反。此外，卢钦斯又令这两段文字分别作为独立的材料，然后把这四种材料给四组水平相当的中学生阅读，并让他们对詹姆的性格进行评价。

实验结束，卢钦斯得到了这样的结果：在被试者中认为詹姆性格是外向的百分比，以单纯阅读外向材料的一组为最高，为95%；其次是先阅读外向材料、再阅读内向材料的一组，比例为78%；而先阅读内向材料、再阅读外向材料的一组，这一比例仅为18%；至于单纯阅读内向材料的一组则为3%。

这一组数据表明，先阅读的那段材料对被试者对詹姆性格所做出的评价起着决定性的作用。这是首因效应发生作用的结果。

然后，卢钦斯又以另一种方式重复了前面的那个实验：在让被试者阅读有关詹姆性格的两段描写材料之间，插入了一段时间间隔，并且安排被试者做一些与实验完全无关的活动，如做数学题或听历史故事等，接下来再去阅读另一段材料。

实验结束后，卢钦斯得到了与先前正好相反的实验结果：这次对被试者进行的詹姆性格的评价起决定作用的不是先阅读的那段材料，而是后阅读的那段材料。这说明了近因效应的显著作用。

在社会知觉中，首因效应与近因效应同时存在，那么，如何解释这种似乎矛盾的现象呢？也就是说，究竟在何种情况下首因效应起作用，又在何种情况下近因效应起作用呢？

卢钦斯认为，在关于某人的两种信息连续被人接收时，人们总倾向于相信前一种信息，并对其印象较深，即此时起作用的是首因效应；而在关于某人的两种信息断续被人接收时，起作用的则是近因效应，这也就是对前面两个实验的解释。

另外，也有人指出，人们在与陌生人交往时，首因效应起较大作用，而与熟人交往时，近因效应则起着更大的作用。因为对于陌生人，此前的印象是一片空白，这时所产生的第一印象就尤为显著，而对于熟人，由于相互之间有了较多的交往，彼此的印象也较为丰富，这时最近的接触情形就会令人记得更深。

近因效应多发生在人际交往过程中出现误解或者期望的事件无法达到的时候，这时人们的思维比较狭窄和片面，难以掌控自己的行为能力和思考能力。比如说，当夫妻之间产生矛盾的时候，彼此会马上忘记对方的好处，眼前只剩下"他（她）对不起我"这个念头，进而无法对对方做出客观评判。从此，越来越觉得对方这也不好，那也不好，什么都不好，使自己处于失望、委屈，甚至是愤怒的状态。

不只是夫妻关系，亲朋好友之间也容易出现近因效应，所以近因效应还有另一个别称，叫作"亲密关系的杀手"。

第三章

行为心理学
——秘密都在小动作里

~~~~~~~~~~

人为什么喜欢跟风

2010 年伊始，一部好莱坞大片《阿凡达》彻底点燃了影迷的热情。全国各地的影院都爆满，排队买《阿凡达》电影票已经成为众白领的"心头大事"。而且影迷们的追求不满足于2D、3D 版《阿凡达》，都想一睹 IMAX3D 版的风采。因为上海和平影都是长三角地区唯一可看 IMAX3D 版《阿凡达》的影院，各路影迷几乎要将和平影都"吃掉"，疯狂的影迷甚至凌晨四五点就赶到影院排队——在春节还有一个多月到来之际，一部《阿凡达》却一不小心预演了"春运购票潮"。有影迷表示："人家都说 IMAX3D 版好看，我们当然想看了，不看是件多没面子的事儿啊。要不人家问起来，都不知道和人家聊什么，现在满城都在谈论《阿凡达》。"甚至，有影迷为了一睹IMAX3D 版《阿凡达》的风采，跨城市看片，从各地奔赴上海。由于大家的蜂拥追捧，票价也水涨船高，甚至一票难求。

这个现象反映了人们这样一种心理：别人都看了，我不看岂不是很没有面子。这就是乐队车效应。"乐队车效应"这个词最早来自经济学，由著名的经济学家凯恩斯提出，他将经济繁荣时推动资产价格上升的现象描述成乐队车效应。

生活中的乐队车效应随处可见。一种本来不好吃的东西，如果大家都说好吃，你可能也就跟着附和了；一首感觉平平的歌，大家都说好听，你可能也会忍不住称赞它。就好像是小时候玩游戏时要选择队伍，我们都会选择能赢的一方。商家的炒作就是根据人们的这种心态来进行的，集中宣传某种产品，制造很火爆的场面，吸引消费者。

与乐队车效应相对照的还有一种心理效应，即支持弱者效应——人之初，性本善，人性善论者认为同情弱者是人的本能。生活中，同情弱者也是一种较为普遍的心态。比如，同情贫困地区的孩子，所以我们有希望工程；同情地震灾民，所以我们积极捐款捐物；同情街头的乞讨者，所以我们忍不住驻足关心。同情心是自我感受的一部分，人有把他人的感受想象成自己经受时的情况，而且感同身受的程度因人而异，有些人很容易被感动，有些人则不容易。看电视的时候，有些人常常因为故事

◇ "乐队车效应" ◇

"乐队车效应"是由著名的经济学家凯恩斯提出，是用来解释经济现象的。

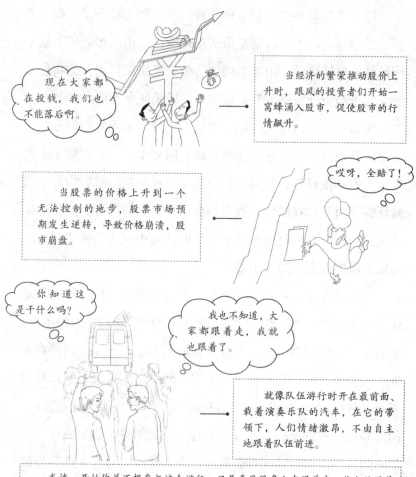

现在大家都在投钱，我们也不能落后啊。

当经济的繁荣推动股价上升时，跟风的投资者们开始一窝蜂涌入股市，促使股市的行情飙升。

当股票的价格上升到一个无法控制的地步，股票市场预期发生逆转，导致价格崩溃，股市崩盘。

哎呀，全赔了！

你知道这是干什么吗？

我也不知道，大家都跟着走，我就也跟着了。

就像队伍游行时开在最前面、载着演奏乐队的汽车，在它的带领下，人们情绪激昂，不由自主地跟着队伍前进。

或许一开始你并不想参与这个游行，只是看见很多人在跟着走，你也就跟着走了，或者你根本不知道发生了什么！

情节、人物的悲惨遭遇而感动落泪，有些人却毫无感觉。

人性恶论的观点则认为我们同情弱者的心理不是与生俱来的，他们反对人性本善的说法，认为人性是自私的，同情弱者只是发现他们比我们弱，无法对我们造成危险，所以才同情。而一旦他们变强了，就会停止救助。尽管这两种观点从完全不同的角度阐述了我们同情弱者行为的本质，但不管怎样，面对一个落后的队伍，我们还是会忍不住为其加油鼓劲。

那么，面对这两种心理效应，人们是如何表现的呢？一般情况下，人们会根据自己的需要，灵活使用乐队车效应和支持弱者效应。在涉及自身利益的时候，多会表现乐队车效应，站在有利于自己的一边，这样不仅可以获得心理上的满足感，还能得到利益。对与自己无关的事情，会产生支持弱者效应，站在弱者的一边。

但是不能盲目跟风，产生乐队车效应的时候，应该停下来，仔细思考一下，这是不是自己真的需要的、真的与自己的能力相符，不能因为面子而跟风。

人为什么要赶时髦

人为什么要赶时髦呢？

"时尚"又称流行，是指在一定时期内，在社会上或某

◇ 追求时尚的心理 ◇

人为什么会追求时尚呢？很大程度上是为了满足心理上的种种需求。

首先能满足我们的求新欲望

人类本能地具有渴望新鲜事物、厌弃陈旧事物的心理倾向。

赶时髦的行为是一种从众行为

为了和群体中的其他人保持一致，避免被孤立。

为了自我防御和自我展示

认为追求流行和时尚能消除自己的自卑感，或者展示自己个性，增加自己的魅力。

一群体中普遍流行的，并被大多人所仿效的生活方式或行为模式。所谓的"赶时髦"也就是追赶流行趋势。时尚体现的范围非常广，几乎遍及我们生活的全部，既包括衣食住行等物质生活，也包括文化娱乐等精神生活。某一种服饰的流行，大家狂热喜欢超女、快男等偶像，都是时尚现象的体现。这些行为既是一种群众行为，也是一种普遍的社会心理现象，不具有社会强制力。

时尚可以由上而下传导，比如时装发布会发布最新流行趋势，然后在社会上流行开来；也可以自下而上传导，先由社会上的普通群众开始，然后成为上层社会人士追崇的流行趋势。当然，时尚也可以在社会各群体之间横向传导，通过媒体得到广泛传播。

人类的心理常常是矛盾的，既要求同于人，又要求异于人。当某一项目开始流行的时候，我们为了标新而追求流行；当该项目流行一段时间，我们又产生厌弃心理，开始追求另一些更时髦更新颖的事物，于是，新一轮流行开始。

当然，准确把握人们追赶时髦的心理，对商品生产、调节市场需求、引导人们的消费习惯等是非常有益的。以时装行业为例，设计师如果具有敏锐的流行触觉，了解最新的流行趋势，就能设计出畅销的衣服，引领新的流行时尚。而就我们普通消费者来说，最好不要盲目追赶潮流，因为潮流是转瞬即逝的，它只是某一段时间内的社会现象，如果不具备一定经济实力的话，赶时髦着实是一件"劳民伤财"的事情。

为什么人们遇事总爱推卸责任

在宋徽宗朝担任过宰相的张商英，嗜好书法，又尤其喜欢草书，虽然他的书法不乏一定的造诣，具有自己的特色，但也有一个很大的缺点，就是不合体统，令人难以辨认，但是张商英自己对此却并不在意。一次，他偶发诗兴，挥笔疾书一番，然后让侄子去抄录一份。可是他的侄子看了好半天却只能认出上面的一个字来，只好再去问张商英。张商英对着自己刚刚写下的字看了好一阵子，居然有很多连自己也都不认得了，但是他并不认为错在自己的字写得不合章法，而是责怪侄子说："你怎么不早点来？现在我都忘了刚才写的是什么了！"

从这个事例中可以看出，遇事人人都想推卸责任——明明责任在自己，可是却归咎于别人——张商英贵为宰相，应当是修养较高的一个人，却也未能免俗，平常人可想而知。

人们的这种下意识地推卸责任的行为，在心理学上被称为"自我服务偏差"。美国心理学家韦纳指出，自我服务偏差是由个人长期养成的较为稳定的归因倾向决定的。

归因倾向主要包括以下三方面的内容：

◇ 内外归因的不同心理 ◇

原本对于事情的归因应该内外兼顾，但是很多时候，处于不同的心理，人们总是有着一种自我肯定的倾向，因而在归因的时候往往是这样的：

多亏我创新性比较强，才取得了这次的成功。

常常带有主观倾向性地将成功归因于自身的某种特殊条件，而不管事情的实际情况是什么样的。

都是因为你们，我这次才败得这么惨。

而对于失败，人们更容易将其归于外因，这样可以降低心理上的不适感。

显然这样的归因对于个人的进步是有不利影响的，因此，在归因的时候应该客观分析，不应该存在主观倾向。

第一，内因与外因。内因即自身的因素，包括自己的能力、态度、品质、动机，等等；外因即与自身无关的外部因素，包括机遇、任务难度，等等。人们在取得某项成绩的时候，如果将之归于内因，则会产生一种自豪感，给自己以很大的鼓舞，而如果归之于外因，则会认为自己的成功是侥幸得来的，是不值得庆贺的。

第二，稳定因素与非稳定因素。事情的成因中有一部分是稳定的，如个人的能力在一定时期之内是基本恒定的，而另一部分则是常常发生变化的，包括各种偶发的情况。人们往往会将成功归之于稳定的因素，因为这意味着在正常的情况下自己是能够取得成功的，而将失败看作由不稳定的因素造成的，这也就意味着自己之所以失败，是因为出现了意外的状况。

第三，可控因素与不可控因素。有一些因素是自己可以控制的，比如自己的努力程度，而另一些因素则是自身所无法控制的，比如说工作的难度、自己的智力水平。在这一方面，人们就习惯认为成功是由可控因素决定的，而失败则是由不可控因素导致的，也就是说持有一种"成事在我，败事在天"的态度，既然自己已经尽力而为了，那么失败也就是无可奈何的了。这实际上就是推脱责任的一种方法，尽管这有时并非自己有意为之。

其实，这几个方面归结起来，说明的都是一个问题，那就是人们在进行归因时具有一种自我保护的倾向。

还有一种情况，人们也经常会毫不犹豫地推卸责任，那就是一旦意识到或者预测到，将来自己会与某件事有瓜葛，就会立即推掉与此事有关的一切责任。

日本心理学家多湖辉认为，责任推卸行为乃是一种自骗型心理防卫机制，这种心理防卫机制是一种消极性的行为反应，含有自欺欺人的成分。当个体的动机、行为不符合社会规范，或者行为的结果与自己的承诺不一致时，就会努力寻找符合自己内心需要的理由，从而给自己一个合理的解释，来掩饰自己的过失，推卸自己应该承担的责任。

说白了，这种"合理化"就是寻找或编造一个貌似"合理"的理由，让自己"心安理得"。

这种心理机制有积极的一面——当遇到重大挫折，或者无法接受的心理伤害时，采用这种方法可以减除内心的痛苦，避免精神崩溃，有效保护人的心灵。但是，这种机制如果过多出现，就会陷入自欺欺人的状态之中，面临的问题不但无法得到解决，而且最终会使人受到更大的打击。

关于这种心理，多湖辉还有另一种解释。他认为，人们内心深处都有一种犯罪意识，如果自己的犯罪行为不会被人发觉，他就很可能做出违反社会规范的行为。一旦这种行为被人察觉，就会寻找种种借口，把自己的罪责转嫁给社会或他人，以求得心安。所以，每个人都努力寻找借口，来推卸自己的责任，掩盖自己的过失。

推卸责任，必将延误解决问题的时机，酿成更大的危害。对个人，必然会影响其在他人心中的形象，最终危害其事业的发展。对社会，必定会造成更大的社会问题，乃至阻碍社会的进步。

人们为什么愿意为他们喜欢的人做事

战国第一名将吴起有一次率领魏军攻打中山国。他巡视军营的时候发现有一个士兵身上长了毒疮，疼痛难忍，吴起毫不犹豫地俯下身子，为这位士兵将毒疮里的脓血一口一口吸出来。事情传到这位士兵母亲的耳朵里，她大哭不止。旁人问她："你儿子只是一名普通士兵，将军为他吸脓血，本该是一件光荣的事情啊，为什么要哭呢？"他母亲回答："你有所不知。几年前吴将军也为他父亲吸过脓血，结果他父亲临死也不退缩，最后战死沙场。如今又为他吸，真不知道他要死在哪里了。"正是因为有对下属的一片真心，吴起的军队战无不胜，攻无不克，最终成功拿下很多战役。

人们总是愿意为他们喜欢的人做事。故事里的父子就是这

◇ 喜欢原则 ◇

喜欢原则就是，人们喜欢为他们喜欢的人做事，实际上是出于喜欢回报的心理，也是为了满足自我被尊重、被认可的需要。

你想让自己被更多人喜欢，想让一个企业更有活力、更有凝聚力吗？

那就别吝啬你的赞美和鼓励，多从人性的角度出发，给予他人多一些赞美和关注，他们自然会回报你同样多的赞美和关注。

样，吴将军是他们爱戴的将领，所以，他们为了吴将军愿意赴汤蹈火，甚至献出自己的生命。

最早提出这个理论的是美国管理学家瑟夫·吉尔伯特，他认为每个人都愿意为自己中意的人做事，而且往往会任劳任怨，不计较得失。

这就是心理学上的所谓"喜欢原则"。我们总有一种倾向，愿意去帮助那些自己喜欢的人，同时也赞同他们的观点。一般来说，人们在知道有人喜欢自己之后，会产生一种强烈的心理压力，要去回报他人的喜欢。正是出于这种心理，我们会不自觉地心甘情愿为喜欢的人做事。谈恋爱的时候，男生为了心爱的女友鞍前马后，乐此不疲；工作的时候，因为上司的一句称赞，加班加点而不觉辛苦，都是出于对喜欢的回报心理。

美国著名女企业家玫琳·凯说过："世界上有两件东西比金钱和性更为人们所需——认可与赞美。"也就是说，金钱的力量不是万能的，人心所向才是成功的关键，适当的赞美和认可，能弥补金钱的不足。

从马斯洛的需要层次理论来看，生理和安全需要只是最基本的需要，尊重和自我实现才是我们所最终追求的高级需求，每一个人都有强烈的自尊感，也渴望被尊重、被认可。有一个小伙子在公司里干的是最不起眼的清洁工工作，有一次歹徒闯进公司试图抢劫，只有他不顾一切和歹徒殊死搏斗。事后被问起原因，他的答案平淡无奇却又发人深省："因为董事长总会夸我地扫得很干净。"就是这么一句简简单单的话，却有如此大的力量，能让这位小伙子忘了危险，拼了性命。领导对下属的一句真诚赞美，就能使他们得到莫大的满足，最大限度地激发他们的潜力，让他们努力工作。这比任何物质奖励都更让人激动。

那些外表美丽的人能赢得他人的喜欢，所以，人们总是对美女很偏爱。可是，如果一个人的言行举止给他人传递的全是善意，时时刻刻为他人着想，时时刻刻关心、宽容他人，这样的人会比美女更受到大家的喜爱。你可以发现，那些有很多朋友、受大家喜爱的人，都不是自私、自我的，他们能时刻照顾到朋友的感受，尊重、关心周围的人。这样的人，自然也会得到大家的关心和回报。

下级与上级之间也是一样。下级对上级领导的评价，除了他对下属的关心外，可能还包括他作为领袖的责任承担能力。一个敢作敢为、有担当的领导，能让下属产生信任感和凝聚力，下属也会积极承担起自己应承担的责任，让领导放心。领导把责任揽在了自己身上，会承担一定的风险和损失，但却能换来下属更强的信任感。

见到有困难的人，为什么不愿出手相救

某日午夜，在美国纽约郊外某公寓前，一位妇女在结束酒吧工作回家的路上遭到歹徒袭击。当时她绝望地喊叫："有人要杀人啦！救命！救命！"听到叫喊声，附近居民都亮起了灯，打开了窗户，凶手吓跑了。当一切恢复平静后，凶手又返回作案。当她又喊叫时，附近的居民又亮起了灯，凶手逃跑了。当她认为已经无事，回到自己家楼上时，凶手又一次出现在她面前，将她杀死在楼梯上。在这个过程中，尽管她大声呼救，她的邻居中至少有 38 位听到呼救声到窗前观看，但无一人来救她，甚至无一人打电话报警。当时这件事引起纽约社会的轰动，也引起了社会心理学工作者的思考。

为什么人们会如此冷漠，见死不救呢？心理学家将这种有众多旁观者在场却见死不救的现象称为责任分散现象，也叫旁观者现象。他们认为，恰恰是因为旁观者在场，削弱了人们的助人行为。在某个需要帮助的情境，如果单个个体在场，他会有很强的责任感，会积极做出助人行为，而旁观者越多，助人行为越少。这是因为我们都希望能少分担一点责任，心里想着即使自己不出手相助，也应该会有人会伸出援手，从而导致责任的分散——如果只有 1 个旁观者，他助人的责任是 100%；2 个旁观者在场，每个人就承担 50% 的责任；如果有 10 个旁观

◇ 影响助人行为的外部因素 ◇

心理学家们发现，一些外部因素诸如天气，社区大小，被助人的特点、性别等都能影响助人行为。

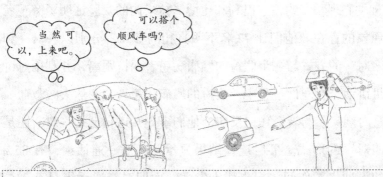

微风拂面的晚上，司机愿意让人搭顺风车；风雨交加的晚上，他们赶着回家而无暇顾及他人。

小城镇的人生活节奏慢，热心肠，比起匆匆忙忙的都市人，更愿意表现自己的爱心。

而那些看起来弱小、善良、有吸引力的人，更能得到他人的帮助，尤其是漂亮的女性。

由此可见，人们不愿意出手相助并不能简单地归结于道德的沦丧、人性的冷漠，因为影响我们助人行为的因素很多。

者，每个人就只承担10%的责任。每个人都减少了帮助的责任，而个体却不清楚自己到底要不要采取行动，就很容易等待别人提供帮助或互相推托。

心理学家约翰·巴利和比博·拉塔内的实验证明了旁观者现象的存在。他们让72名不明真相的参与者分别以一对一和四对一的方式与一个假扮的癫痫病患者保持距离，并利用对讲机讲话，在通话过程中，假扮的癫痫症患者会忽然大喊救命。这时观察参与者会作何反应。他们事先知道自己是一对一还是四对一的形式。事后统计结果显示：一对一通话组，有85%的人冲出工作间去报告病人发病；而四对一通话组只有31%的人采取了行动！

和成人的这种心理相反，儿童的助人行为却因为有其他人在场而增加了。心理学家斯陶布发现，儿童单独在场时，只有31.8%会出现助人行为，而两人在场时，上升至61.8%。这可能是因为其他人的在场减少了儿童的恐惧感，从而做出助人行为。

除了责任分散这个重要因素之外，还有其他一些因素也影响了人们的助人行为。比如说，榜样的作用。旁观者在场除了能使人们感到责任分散、犹豫不决外，也能起榜样的作用。熙熙攘攘的大街上，此时一个人突然发病，如果有一个人及时出手相助，并拨打120急救电话，其他路人肯定也会停下脚步，给予帮助。另外，情境的模糊性也会影响人们的助人行为——个体不确定发生了什么事，是不是需要自己提供帮助的时候，往往会退缩。如一项实验中，一个油漆工人站在梯子上，他的正上方是一幅巨大的广告牌，被试者能透过窗户看到这名工人。不久之后，被试者听到重物落下的巨大声响，跑出来一看，发现是广告牌掉落了，只有29%的被试跑过去帮助他。但是在另一情景中，油漆工呼唤大家去帮助他，这时有81%的被试者会出手相助。可见，减少情境的模糊性，能增加助人行为。

为什么人总要追求完整、配套与协调

18世纪的法国哲学家狄德罗，收到了一件朋友送给他的质地和做工都非常精良的睡袍，他非常欢喜。可是，他马上就发现了问题，因为他看到自己所用的家具与这件睡袍比起来，显得实在是太粗糙了，完全不和谐。于是，他就把旧家具纷纷换掉，使得居室焕然一新，为此花费了相当高的代价。随后，他察觉到，引起自己生活这一重大变化的竟然只是一件睡袍。后来，狄德罗据此写了一篇文章，叫作《与旧睡袍离别的痛苦》。

200年后，美国哈佛大学的经济学家朱丽叶·施罗尔在《过度消费的美国人》中，将这种现象称为"狄德罗效应"，或者叫作"配套效应"。其具体内涵是,人们在拥有了一件新物品之后,就会不断地继续配置与其相适应的更多的新物品,以期求得心理上的平衡感。

与狄德罗效应相似的还有美国心理学家詹姆斯所提出的"鸟笼定律"。

1907年,著名心理学家詹姆斯从哈佛大学退休,同时退休的还有物理学家卡尔森,二人交往非常密切。一天,他们两个人打赌。詹姆斯说:"我一定会让你不久就养上一只鸟的。"卡尔森摇了摇头:"怎么可能?我压根就没有想过要养鸟!"詹姆斯微微一笑:"不信,咱们走着瞧。"几天后,卡尔森过生日,詹姆斯送给他一份生日礼物———一只精致的鸟笼。卡尔森笑了:"我只把它当成一件工艺品,你就别枉费心机了。"然而,让卡尔森意想不到的是,那天以后,每个客人来访,看见书房里那只空荡荡的鸟笼时,几乎都会无一例外地问:"教授,您养的鸟什么时候死的?"卡尔森只好一次又一次向他们解释:"我从来就没有养过鸟。"而这种回答每每换来的都是客人怀疑、困惑的目光。最终,卡尔森失去了耐心,只好买了一只鸟,以终止这种郁闷的境况。也就是说,詹姆斯赢了。

经济学家是这样解释"鸟笼效应"的:对于空鸟笼的主人来说,买一只鸟比反复解释为什么有一只空鸟笼要简便得多,而且即使无须对空鸟笼进行解释,空鸟笼也会无形之中给人造成一种心理压力，这就迫使主人不得不去买一只鸟来与笼子相配套。这就免却了别人的烦问，从而得到了一种心理上的轻松感。

鸟笼效应也被称为"空花瓶效应"。有这样一个故事。一个男孩子送给他的女朋友一束鲜花，她非常高兴，特意买来一只非常精美的水晶花瓶。结果，为了不让这个花瓶空着，他不得不每隔几天就送花给她。

狄德罗效应的实质在于人的心理对于完整与协调的追求，因为人们想当然地觉得某种物品应当与某种物品相配才是妥当的，就如同有天平就应当有砝码一样，否则心里就会有一种不舒服的感觉，直到完成了这样的匹配之后，才会心安理得。而这样的心理是促进消费的强大动力，因为狄德罗效应的存在，人们在购买物品的时候往往不是以单件的形式，而是一整套地购进。商家洞悉这一秘密，就能巧妙地拓展市场。

情人眼里为什么会出西施

在物理学上，热水快速冻结现象被称为"姆潘巴现象"，也称"姆佩巴效应"。姆潘巴现象是对我们大脑中的常识的颠覆，热水怎么可能先结冰呢？然而不可靠的姆潘巴现象竟然被人们当作真理认同了 40 多年。

姆潘巴现象是以埃拉斯托·姆潘巴的名字命名的。1963年的一天，姆潘巴发现自己放在电冰箱冷冻室里的热牛奶比其他同学的冷牛奶先结冰。这令他大为不解，于是，他立刻跑到老师那里向老师请教。老师却很轻易地说："肯定是你搞错了，姆潘巴。"姆潘巴不服气，又做了一次试验，结果还是热牛奶比冷牛奶先结冰。

某天，达累斯萨拉姆大学物理系主任奥斯玻恩博士到姆潘巴所在的学校访问。姆潘巴就鼓足勇气向博士提出了他的问题。奥斯玻恩博士回答说："我不能马上回答你的问题，不过我保证等我一回到达累斯萨拉姆就亲自做这个实验。"结果，博士的实验和姆潘巴说的一样。于是，人们就把热牛奶比冷牛奶先结冰的现象称为"姆潘巴现象"。

2004年，上海向明中学一名女生庾顺禧对这一现象提出了质疑。在科技名师黄曾新的指导下，庾顺禧和另外两名女生开始研究姆潘巴现象。她们利用糖、清水、牛奶、淀粉、冰激凌等多种材料，采用先进的多点自动测温记录仪，在记录了上万个数据后进行多因素分析，最后得出结论：在同质同量同外部温度环境的情况下，热液体比冷液体先结冰是不可能的，并提出了引起误解的三种可能。

为什么一个不存在的现象竟然被人们作为真理认同了40多年，而没有人对它提出质疑？这就是光环效应的作用。

光环效应，又称晕轮效应，是指人们对事物的某种品性或特质有强烈的自我知觉，印象比较深刻、突出，这种感觉就像月晕形式的光环一样，向周围弥漫、扩散，影响了对事物的其他品质或特点的认识和判断。

人们之所以坚信姆潘巴现象存在，就是源于对专家的良好印象。在这种印象的影响下，人们对姆潘巴现象的存在深信不疑——因为这个结论是物理学家给出的，他是物理学家，结论肯定就是正确的。

光环效应其实是一种认知偏差，是一种以偏概全的评价。我们可以把光环效应通俗地称为"情人眼里出西施"。

在现实生活中，光环效应随处可见。热恋中的姑娘和小伙子，受光环效应的影响，双方就会被理想化——姑娘变成了人间的仙女，小伙子变成了白马王子；当老师对某个学生有好感时，会觉得这个学生什么都好；等等。

为什么人们只爱与身边的人攀比

某市发生了一起重大的入室盗窃案。与其他案件不同的是，作案者是一名年仅 16 岁的少年。他为了同别的同学攀比，追求物质享受，在虚荣心的驱使之下，盗窃了一居民家中价值40000 多元的钱物，然后他坐车去武汉，在不到 4 天的时间内，挥霍了所有的钱。

这位少年出身于一个普通农民家庭，并且自幼丧父，靠母亲一个人干活养家。按说，在这样的背景下成长起来的他，应当比别的孩子更早熟、更懂事才对，但他却出人意料地做出了令人心痛的事。

原来，虽然家庭条件不好，但母亲从来不让他在吃穿上受委屈。只要别的孩子有的，她都省吃俭用，尽量满足他。这么一来，在伙伴们中间，少年不仅不显得寒碜，反而还显得比大多数人气派。这让他感到很满足。

但自从上了市里的高中后，情况就发生了很大的变化。因为高中的同学和他以前的伙伴大不相同了，大都出身于市里的高收入家庭，花钱如流水，穿的是名牌，用的是精品。相比之下，他感到自己十分寒酸。此时的他不但以前的优越感丧失殆尽，而且感到了深深的自卑。在这种情况下心理严重失衡。他不甘心低人一等，于是想各种办法来和那些同学们攀比。他先是每次回家都想出各种借口向母亲要钱。起初母亲还能尽力满足他，但后来实在拿不出了，只得拒绝他。少年见从家里要钱无望，只得另想他法。但他一个中学生能想出什么好办法来，想来想去，终于想到了邪路上。一开始，他偷同寝室同学的钱，几次下来并没有被发觉，渐渐胆子大了起来，就把目标转向了社会，做出了前面的令人震惊的"大案"。等待他的，无疑将

◇ 青春期的孩子比什么 ◇

1. 比美

这常发生在女孩在之间，当然男孩也会有类似的比较。比如比比谁的衣服漂亮之类的。

2. 比富

很多孩子喜欢在别人面前夸耀自己家的汽车、新电视，妈妈带着自己到豪华的餐厅吃饭等。

3. 比"能"

爱听表扬，做什么都喜欢赢，输不起，只要别人比自己好就会大哭大闹，失去心理平衡。

父母要注意孩子的心态变化，多给孩子讲道理，及时消除孩子的攀比心理，避免孩子形成严重的虚荣心理。

是法律的严惩。

少年的悲剧来自跟同学的攀比。

心理学家经过研究发现，人们的攀比行为经常发生在身边人的身上，也就是说人们只爱跟身边的人或同行攀比。老李每年夏天捡饮料瓶子卖钱。有一天，他捡了满满一麻袋瓶子。同行老张看到之后，向他竖起了大拇指表示敬佩。老李高兴地乐开了花。这种同行之间的互相比较，还有一个很有意思的名字——大内定律。

大内定律是由美国管理学家 W．G．大内提出的。这个定律是说，我们最关心的是与我们同等地位的人对我们有什么看法。因为越在同等地位的人面前，越能看出自己与他们有什么不同。因为同等地位的人和我们有相同的经历和基础，因而有可比性。相反，离我们很远的人，或者和我们差距很大的人对我们的影响就很小。他们发财也好，倒霉也罢，与我们没有什么关系。比如，虽然比尔·盖茨让很多人都羡慕，但是很少有人去和他比较。街头的乞丐很多，但是很少有人看到乞丐后觉得自己很幸运。

我们通常会跟自己身边的人比较。如果自己身边的朋友、同学比自己过得好，我们就会产生很大的落差。昔日的同事成了自己的顶头上司，心里可能会不平衡。曾经处在相同的水平上，如今天差地别，难免会觉得愧疚、没有面子。当年一起同窗苦读的同学，有的移民国外，有的开办了公司，有的有了一官半职，只有自己还是一个名不见经传的小职员，恐怕同学聚会的时候都不愿意露脸了。

同样的道理，如果我们取得了很大的成就，就喜欢向以前的同事、朋友炫耀。因为他们知道你的过去，你的成就能够得到他们的认可。古代的人们取得成就之后讲究"衣锦还乡"。经过一番艰苦创业，终于过上了荣华富贵的生活。这时回到家乡去炫耀一番，必然能够得到家乡父老的崇敬和羡慕。

其实，每个人的生活环境、思维方式、行为准则和理想抱负都不相同。过去积累的知识、经验和思维方式导致我们做出和别人不同的选择。有的选择可能引导我们走向成功，有的选择可能让我们停滞不前，甚至走向失败。但是，不管做出什么选择，每个人都有自己独特的人生之路。因此，没有必要和别人比较。如果一定要比较，就和过去的自己比较，看看自己是否有所成长。

第四章

性格心理学
——了解真实的自己

真的是江山易改本性难移吗

我们认为性格是一套稳固的态度和习惯化的行为模式，这就是说性格是稳定的，不会像天气一样变化无常。对一个人进行深入的了解之后，我们能够推测他在相同或相似的情境下的态度和行为反应。但是，这也不是绝对的。心理学研究表明，性格也是可以改变的。

心理学家称，性格会随着年龄的增长而发生改变。从发展心理学的角度来看，我们的性格总是在外向型和内向型之间转换。婴幼儿时期属于外向型时期，那时性格还未充分发展，需要借助外界的帮助才能生存下去。进入幼儿期之后，开始转向内向型，因为这一时期自我意识开始发展，对外界的束缚开始进行反抗。进入儿童期之后，对很多事物充满了求知欲，又开始转向外向型。进入被称为"暴风骤雨期"的青春期之后，自我意识变得更加强大，这一时期属于内向型时期。成年期逐步体验到现实的残酷和生活的艰辛，认识到必须努力工作，提升自身的价值，为家庭成员的幸福而奋斗，这时由内向型的特质转为外向型。进入老年期之后，开始对自己的人生有了更深入的思考，再度回归到内向型。

有研究表明，心理疾病同样也会引起性格的变化。比如，抑郁症作为一种较常见的心理疾病就会引起性格的变化。通常容易患抑郁症的人在性格上有一些共同点，追求完美、缺乏幽默感、做事刻板等，即使受到一点小事的刺激也会让他们心理上产生很大的波动，陷入异常的状态之中。除此之外，精神分裂症往往更容易使人格出现转换。这类人在发病前可能会有自闭、敏感、反应迟钝等症状，但是一旦发病就会出现不可思议的症状，严重的还会导致人格的荒废。

年龄上的变化和心理疾病能够导致性格发生变化，中毒导致的精神失常、被洗脑或心智受到他人控制同样会导致性格发生变化。第二次世界大战期间，许多军队由于频繁使用兴奋剂，出现很多中毒者。这些中毒者的性格发生了很大的变化，出现恐吓他人、好斗的特点，严重的还会丧失心智。麻醉剂中毒虽不像酒精或兴奋剂中毒那样明显，还是会使人处于忧郁的状态之中，对外界漠不关心。

关于教育的作用，其实已不必再赘述。研究表明，无论是家庭教育、学校教育还是社会教育都对我们性格的养成有一定的作用。举个例子来说，日本对年轻人所进行的调查报告将年轻人分为四类，即孜孜不倦型（为了老师和父母的期望，不懈努力，但是缺乏弹性，容易受挫而崩溃）、我行我素型（与世无争，有时候会逃避现实，不能够积极地适应社会）、焦躁型（不满于现状，经常会有惊人之举，穿奇装异服，行为不端）和浮躁型（对学习毫无兴趣，爱看电视节目，化浓妆，举止轻浮）。这就需要在教育的过程中对不同类型的人进行校正，使他们恢复到正常人的状态。

所以，性格并不像我们之前所认识的那样是不可改变的，像上述的年龄、心理疾病、心智控制、教育等都可以使其发生改变。看来，只要具备一定的条件，江山易改，本性也是可移的。

为什么说性格决定命运

生活中，我们往往会说，"这个人性格很温顺""那个人性格很外向"等，可是到底什么是性格呢？对于这个问题，很多人都无法做出明确的解释。

"性格"一词来源于希腊语，目前关于性格的定义，心理学家也没有达成共识。我国的心理学家认为，性格就是人们对现实稳定的态度和行为方式上表现出来的心理特点，诸如坦率、含蓄、顽固、随和、理智、感性、沉稳、活泼，等等。性格并不是独立存在的，我们每个人在日常生活中的态度及行为表现都可以反映出我们自身的性格特征。

我们每个人所具有的性格特征并不是在短时间内形成的，而是我们在对社会生活的体验中逐渐形成的，而且还受到我们的世界观、人生观和价值观的影响。性格形成之后有一定的稳定性，但这并不意味着性格是无法改变的。生活中很多的突发事件有时会使我们的性格发生转变。

能够坚韧不拔、吃苦耐劳的人，可以一步一步地实现自己的人生目标；终日懒散松懈、不求上进、怨天尤人的人，必定一事无成。个性叛逆的人对外界环境采取赤裸裸的反抗，不会妥协，不会婉转，这种性格的人要么成为英雄，要么被环境所吞噬，上演一出悲剧。"兵强则灭，木强则折"，性格过于耿直的人不善于迂回，往往四处碰壁，容易遭遇艰难曲折的命运。优柔寡断的人遇事总是犹豫不决，瞻前顾后，这种人容易因为性格中的不足而错失一次次的机会，导致无为、失败的一生。

法国著名的大作家大仲马说过，人生是由一串烦恼串成的念珠，而达观的人总是笑着数完它。如今，心理学家们更是不

◇ 性格的分类 ◇

心理学家将性格分为积极的性格和消极的性格。

没什么大不了，它可以带我飞过去。

积极的性格如热情、稳重、理智、活泼等，可以让人身处逆境时，坦然面对，积极进取，最终获得成功。

消极的性格如自私、暴躁、懒惰、懦弱等。它则会让人走弯路，受挫折，最终碌碌无为，甚至导致悲剧性的结局。

其实性格根据不同分类也会有所不同，但是总体来说可以分为这两大类型。

容置疑地告诉我们：好行为决定好习惯，好习惯决定好性格，好性格决定好命运。性格决定成败，把握住了性格也就把握住了成功；性格决定命运，改变了性格也就改变了命运。如果你不满意自己的现状，就必须要改变命运；若要改变自己的命运，就必须改善自己的性格。

诚如日本的一位心理学大师说的：心理变，态度亦变；态度变，行为亦变；行为变，习惯亦变；习惯变，人格亦变；人格变，命运亦变。换句话说，一个人要想运势好，他的性格首先要好。

生活中我们可以看到，在同样的社会背景、同样的智商条件下，有的人能大获成功，有的人却处处失败，为什么会出现这么大的差距呢？其实也就是性格在很大程度上决定了人们各自不同的命运。

性格决定命运，优良的性格品质与成功的人生关系极为密切，这种关系主要体现在以下几点：

优良的性格造就崇高的理想和高尚的道德。那些有着真正崇高的理想和追求的人，往往都具有积极主动、乐观向上、开朗大方、正直诚实、信念坚定、富有同情心等性格特征。他们热爱生活，热爱大自然，关心身边的人，关心社会，有着高雅的情趣。一个人的理想和道德情操只有建立在这样的基础上才是可靠的。

优良的性格是事业成功的保证。天上不会掉馅饼，世上也没有任何唾手可得的东西。在竞争激烈的社会中，小到一点收获，大到事业的成功，都需要坚定的信念，付出艰辛的努力。只有那些性格刚强、自信、乐观、勤奋、勇于开拓、一往无前、不畏挫折和牺牲的人，才有希望获得事业乃至人生的成功。

优良的性格是人生幸福的主要条件。我们生活在复杂多变的社会中，万事皆存变数，可能一帆风顺，也可能诸事不顺；可能收获成功，也可能遭遇失败；可能得到鼓励，也可能遭受打击。只有自身具备优良的性格，才能很好地维持心理的平衡，勇敢地面对人生，积极地应对外界的一切突发情况，创造属于自己的幸福。

如果我们对自己的性格有一个全面、清醒的认识，能够站在必要的高度上正确地去面对，我们就能很清楚地看到性格与命运的密切联系。

荣格的八种人格

荣格根据"利比多"（libido，即性力）的倾向性，最早将性格分为内向型和外向型。

荣格反对弗洛伊德将利比多简单地理解为"性的能量"，他将利比多解释为一种"心的能源"，是一种心的过程的强度。

并且他假设其中存在一种"快乐的欲望"，而这种"快乐的欲望"则是荣格性格学的基础。当这种"快乐的欲望"以外在的形式表现出来时，称为"外向"；以内在的形式表现出来时，称为"内向"。而当这种内向或外向成为一种习惯时，我们则称之为"内向型"或"外向型"。现实生活中，我们通常会说某个人性格真内向、某个人性格真外向，这种对性格的分类首先是由荣格提出的。

荣格的这种根据利比多的倾向划分的性格类型在美国逐渐发展成为一种著名的心理测验，这种测验被称为"性向测验"，由此提出了"性向指数"的概念，并且据此进行了一系列的研究。研究结果发现，内向型的人更加关注自己的内心世界，对自己内部的心理活动的体验深刻而持久，通常按照自己的意愿行事，不随波逐流，不容易受到周围环境的影响；对待周围的人和事的态度相对较消极，往往会采取一种敌对或批判的态度，正因为这样很容易与别人产生摩擦，因此适应环境的能力也较差。外向型的人与内向型的人的性格恰恰相反，他们往往比较关注外部世界，对周围的人和事都充满了好奇和兴趣，通常会根据别人的期待、外部环境的变化来行事，适应环境的能力较强，但是这种人过于关注外部世界从而忽略了自己内心最真实的感受，有时候会迷失自己。当然，这两种类型的性格没有优劣之分，只是不同的人格特质使然。而且每一个人不可能只是单单的外向型或内向型，往往是这两种类型的融合，只是哪一种性格类型相对来说占据一定的主导。

后来，荣格在他发表的《心理类型学》一书中对内向型和外向型做了进一步的阐述。由于内向型和外向型主要是根据个体对待客体的态度来进行区分的，因此又被荣格称为性格的一般态度类型。除此之外，还有性格的机能类型。

荣格认为，人的心理活动有感觉、思维、情感和直觉四种基本机能。感觉告诉我们某种东西的存在；思维告诉我们这种东西是什么；情感告诉我们它是否令人满意；而直觉则告诉我们它来自何方并去向何处。根据两种类型与四种机能的结合，共有八种性格的机能类型，荣格对此进行了描述。

1. 外倾思维型

这种类型的人通过自己的思考来认识客观世界，做事都以客观的资料为依据，思维较严谨。科学家就属于典型的外倾思维型，他们认识世界、解释现象、创立自己的理论体系的过程体现了严谨的思维。但是这一类型的人往往比较刻板，情感不够丰富，个性不够鲜明。

2. 内倾思维型

与外倾思维型人相比，内倾思维型人更加关注自己的内心世界，他们对一些思想观念感兴趣，善于借助外部世界的信息对自己内心的想法进行思考。哲学家就属于这一类型。这一类型的人比较冷漠、傲慢，有些不切实际。

3. 外倾情感型

这种类型的人能将外部环境的期待与自己的内心情感结合起来。他们善于交际，喜欢表达自己的情感，性格活泼，对社会活动抱有很大的热情，与外部世界相处比较和谐。但是这一类型的人往往没有主见，缺乏主体性。

4. 内倾情感型

这一类型的人往往过分关注于自己的内心世界，对内心有深刻持久的情感体验，能够冷静地去看待周围的人和事。但是他们往往不善于表达和交际，和气质类型的抑郁质比较相似。

5. 外倾感觉型

这一类型的人往往比较注重感官的刺激和享受，善于与外界互动，但是往往只停留于表面，不够深入。他们比较注重享乐，往往很难抗拒美味的诱惑，情感比较浮浅。

6. 内倾感觉型

这种类型的人往往沉浸于自己的主观世界之中，与外部世界相距较远。但是他们能够以自己独特的方式对外界的信息进行加工，而且体验较深入，能够以独特的方式将这些表达出来。

7. 外倾直觉型

有灵感的人应该说的就是这种类型的人，他们对外界有很

好的洞察力，对新事物比较敏感。他们容易冲动，富有创造性，但难以持之以恒。

8.内倾直觉型

这种类型的人善于想象，性情古怪，对外界事物较冷漠，往往容易脱离实际，他们的思考方式一般很难被人理解，想法比较怪异和新颖。荣格认为，艺术家就是典型的内倾直觉型。

哪些因素塑造了我们的人格

究竟是哪些因素在我们人格塑造的过程中发挥着作用，对于这个问题的争论由来已久，而且存在两种截然不同的观点：一种观点认为，我们的人格主要是由先天的遗传因素决定的；而另一种观点则认为，影响我们人格的主要因素是后天的环境因素。但是，在长时间的争论过程中，心理学家们逐渐达成了共识，认为我们的人格是在遗传和环境两种因素的交互作用下形成的。

在众多人格研究的方法中，双生子研究则是人们公认的一种比较客观和科学的方法。这一方法遵循这样的研究思路，对于同卵双生子而言，他们的遗传因素是相同的，如果他们在人格上存在差异，那么这种差异则是由环境因素导致的；对于异卵双生子来说，如果他们从小就在同一环境中长大，那么他们

◇ 影响性格的环境因素 ◇

早期的童年经验：幸福的童年经历有利于儿童健全人格的形成，而不幸的童年经历则会引起人格上的各种问题。

家庭环境因素对人格的影响主要体现在亲子关系、父母的教养方式等方面。

小丽这是第一次迟到，我想一定有她的原因，我们原谅她一次好不好？

对不起，我迟到了。

学校是我们接受教育的场所，这一环境中的很多因素都在无形之中塑造着我们的人格。

社会文化因素：比如在儒家文化中，要求女性必须是温顺的。不过随着时代的发展，男女差异已经越来越小了。

人格上的差异则就归结为遗传因素。采用这一方法的研究表明，人格并不仅仅受到某一因素的影响，而是各种因素共同影响的结果。

首先，生物遗传因素。许多心理学家认为，人格具有较强的稳定性，因此在研究人格的过程中，应该更注重生物遗传因素的作用。很多心理学研究者采用双生子的方法对该问题进行了研究。

艾森克的研究指出，在同一环境中成长的同卵双生子，在人格的外向性维度上的相关为0.61，不同环境中的同卵双生子在该维度上的相关为0.42，异卵双生子的相关仅为0.17。由此可以看出，同卵双生子在外向性的维度上相关要显著高于异卵双生子，这说明生物遗传因素在人格形成中的作用。

弗洛德鲁斯等人在瑞典进行了同样的研究。他们选取了12000名双生进行问卷的测量，结果发现，同卵双生子在人格的外向性和神经质上的相似性要显著高于异卵双生子，可见生物遗传因素在外向性和神经质两个维度上有重要的作用。

心理学研究者对成人双生子也进行了类似的研究。20世纪80年代，明尼苏达大学对成人双生子的人格进行了比较研究。在这些双生子中，有些是从小一起长大的，有的则是被分开抚养的。研究结果表明，无论是分开抚养还是未分开抚养，同卵双生子在人格上的相关均高于异卵双生子。我国的一项历时 20 年的纵向研究结果也表明，人格的许多特质都有遗传的可能性。

尽管通过这些研究，我们可以看出遗传对人格的发展的确有不可忽视的重要的作用，但是它的作用到底有多大，对此并没有明确的结论。我们只能说生物遗传因素为我们的人格发展提供了可能性，而且遗传因素对人格发展的作用因不同的人格特质而异。遗传因素对智力、气质等与个体生物因素有较大关系的人格特质的影响作用比较大，而对那些价值观、性格、信念等与社会因素关系密切的人格特质的影响作用相对较小。

其次，环境因素。除了生物遗传因素外，环境因素对人格的发展同样有重要的影响。这些环境因素包括早期的童年经验、家庭环境因素、学校环境因素以及社会文化因素等，它们都在塑造着我们的性格。

综上所述，遗传和环境因素都不同程度地塑造着我们的人格，对我们人格的发展发挥着重要的作用，正是二者的共同作用才造成了我们在人格上的差异。

不健康的性格会导致疾病

从成功的角度说，性格决定命运。其实，性格对人的健康也有着一定的影响。我们可以从性格的不同分类中，观察出性

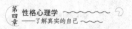

格与人们身心健康的关系。

从个体独立性上划分，性格可以分为独立型和顺从型。

独立型：非常有主见，不易受环境和他人等外界因素的影响；善于发现问题并能很好地解决问题；生活自理能力强，对困难和意外情况也能妥善处理。他们的身体素质一般都不差，习惯独立生活，积极锻炼。

顺从型：缺乏独立精神，对别人的依赖心理强，没有主见，容易接受暗示或受人指使。身处逆境或遭遇突发状况时，总是表现得惊慌失措，一蹶不振。他们容易轻信各种谣言，听到对自己有伤害的流言蜚语更是伤心不已。这种心理显然是健康的不利因素，常引起疾病。顺从型性格的人往往偏听偏信，当试图达到排遣恶劣情绪或摆脱疾病缠身的要求时，他们往往不是积极主动地寻求正确的、科学的方法，而是将希望寄托在求神拜佛之类的迷信活动上，结果越陷越深，有的人最后甚至到了精神失常、精神崩溃的境地；身体上的疾病也因没有得到及时有效的治疗而进一步恶化，甚至到了无法挽救的地步。

从心理机能上划分，性格可以分为理智型、意志型和情绪型。

理智型：习惯理智地认知、衡量事物和支配自己的行为。

意志型：目的明确，意志坚定，在感情和行为上不易受他

◇ 外向型性格与内向型性格 ◇

按照心理活动的倾向性，性格可以分为外向型和内向型。

外向型

热情大方，爽朗好相处，兴趣广泛，好奇心强，乐观向上，乐于助人也不拒绝别人的帮助。

快点出来玩啊。

我不想被打扰！我想一个人待着。

内向型

往往自闭，胆小，冷漠，反应迟钝，情绪消极，没有太多兴趣爱好。

内向型性格的人如果能多与外界接触，敞开心扉与人交往，培养更多的兴趣，结识更多的朋友等，也会逐渐转向外向型的性格。

人的支配。

理智型和意志型的人做事有条不紊，善于处理人际关系，对外界生活环境的变化能够很好地适应，大多精力旺盛，身体健康。

情绪型： 总是用感情来认知、处理事物和支配行为，情绪不稳定，容易冲动。他们经常凭主观臆测，意气用事，遇到冲突和矛盾时非常冲动，要么大发雷霆、争吵不休，要么忍气吞声、暗自怄气，这无疑会对精神产生刺激。持久的或经常性的愤怒及抑郁，势必对健康造成影响，导致某些疾病的发生或加重，如食欲不振、睡眠质量不佳、神经机能失调，甚至引发高血压、心脑血管疾病，等等。

从以上分类不难看出，有利于身心健康的理想性格应该是外向型兼理智型（或意志型），并具独立型性格的人。

当然，人的性格是复杂的，每个人都可能具有多种性格特征，不可能有非常明确的标准判断谁是哪种类型的人。但是，某一个人的性格健康与否，却可以大致判断出来。我们应该清楚地认识自己性格中的优缺点，积极培养自我调整的能力，随时弥补性格上的弱点，这对我们的身心健康将大有裨益。

人真的拥有四个"真正的自我"

约瑟夫·鲁夫特和哈里·英格拉姆于20世纪50年代提出，每个人都是由四个层面的自我构成的，这四个层面的自我分别是公开的自我、盲目的自我、隐藏的自我和未知的自我。

1. 公开的自我

自己了解，他人也了解，属于自由活动领域。所谓"当局者清，旁观者也清"说的就是"公开的自我"。比如，我们的性别、年龄、长相等可以对外公开的信息，包括婚否、职业、工作生活所在地、能力、爱好、特长、成就，等等。"公开的自我"的大小取决于自我的开放程度、个性张扬的力度、人际交往的广度以及他人的关注度，等等。"公开的自我"是有关自我最基本的信息，同时也是自己和他人了解自我、评价自我的基本依据。

2. 盲目的自我

自己觉察不到，但是他人能够了解。所谓"当局者迷，旁观者清"就是指"盲目的自我"。盲目点可以是一个人的优点或缺点。"盲目的自我"的大小与自我观察、自我反省的能力有关。内省特质比较强的人，往往盲点就会比较少，"盲目的自我"比较小。

◇ "盲目的自我" ◇

"盲目的自我"一般自己不易觉察，除非别人告诉你。

它可能是你不经意间的一些小动作或行为习惯，比如一个得意的或者不耐烦的神态或情绪的流露。

你不说话的时候手上总是有小动作。

我没有。

由于自己不知道，所以当别人告诉你时，你可能一时无法接受，甚至会惊讶、怀疑和辩解。

而熟悉并且能够指出你"盲目的自我"的人，往往也是那些关爱、欣赏你和信任你的人。所以，我们要学会用心聆听，重视他人的意见。

3.隐藏的自我

自己了解，但他人觉察不到。这是自己知道而别人不知道的部分，与"盲目的自我"刚好相反。就是我们常说不愿意或不能让别人知道的隐私、个人秘密。身份、缺点、痛苦、愧疚、尴尬、欲望等，都可能成为"隐藏的自我"的内容。相比较而言，心理承受能力强的人，性格比较自闭、自卑、胆怯、虚伪的人，"隐藏的自我"会更多一些。适度的自我隐藏，能够避免外界的干扰，独守自己的心灵花园，是正常的心理需要。如果一个人没有任何隐私，那么他就赤裸裸地暴露在别人面前，没有隐私和安全感。当然适度地隐藏自我能够保护自己，如果自我隐藏得太多，就会将自己封闭起来，无法与外界交流。这样自我就会受到压抑，甚至造成人格的扭曲。

4.未知的自我

自己和他人都未觉察的自己。这样的自我也被称为"潜在的我"，属于自我层面的处女领域，等待着别人去发现和挖掘。"未知的自我"通常是指一些潜在的能力或特性，或是只有在特定的领域才能展现出来的才华。弗洛伊德所提出的潜意识层面，隐藏在海水下面有无限能量的巨大的冰山，也属于"未知的自我"的层面。"未知的自我"是我们知之甚少同时也是最值得挖掘的领域，所以我们应该尝试着去全面而深入地认识自我，激励自我，发展自我，超越自我，肯定会收获意外的惊喜。

每一个人对自我的认知，都存在公开区、盲目区、隐藏区和未知区。有时候我们可以通过性格测验来了解"公开的自我"和部分"隐藏的自我"，但是测验结果和实际情况还是有出入的。因为在进行测验的时候，被测验者往往有一种"社会赞许"的倾向，为了得到他人和社会的认可往往隐瞒自己真实的想法，所以对于性格测验的结果不能过度依赖。

关于自我的四个层面，对于不同的人而言，每个层面所占的比例不同。有些人可能隐藏得比较少，暴露得相对多一些；有些人可能比较容易聆听别人的评价，对盲目的自我了解得较多，而有些人总是敢于尝试一些新鲜的事情，试图去挖掘自己性格中未知的部分。每个人都是一个没有谜底的谜，我们只能慢慢地去走近，去了解。

第五章

情绪心理学
——别让情绪失控毁了你

～～～～～

什么是情绪心理学

当你拿到大学录取通知书的那一刻，你兴奋不已，甚至彻夜难眠；当你的亲人突然离你而去时，你痛苦不堪，万念俱灰；当你和恋人约会时，你内心激动不已，满是甜蜜；等等。在某一时刻或情境中，我们内心总会经历不同的情绪体验，或高兴或悲伤，或快乐或痛苦。我们享受着亲人、朋友带给我们的快乐，体验着购物或欣赏电影带给我们的愉悦，同样也会因为别人的误会而感到委屈，甚至会因为无意间伤害了别人而懊悔不已。

在我们每天的生活中，总会有这样或那样的事情让我们的情绪不断地发生变化。当我们的需要得到满足的时候，我们就会产生一种快乐的情绪体验；当我们的需要得不到满足时，就会产生消极的情绪体验。从马斯洛的需要层次理论来说，这种需要不仅仅指物质层面的需要，同时也包括精神层面的需要，如关怀、尊重、爱、归属、自我实现等的需要。

通常情况下，我们将情绪分为积极情绪和消极情绪，高兴、快乐、喜悦等属于积极情绪，而愤怒、害怕、生气、难过等则属于消极情绪。现代科学也进一步证明，情绪可以通过大脑对我们的心理活动以及全身的生理活动都产生影响。马克思说过："一种美好的心情比十服良药更能解除生理上的疲惫和痛楚。"相关的研究也表明，积极情绪可以使人体内的神经系统、内分泌系统的自动调节机能处于最佳状态，有利于促进身体健康，也有利于促进人的知觉、记忆、想象、思维、意志等心理活动，从而使我们的心理处于健康和谐的状态之中。而当人的情绪有所波动、处于消极的情绪状态的时候，就会对生理机能产生一定的影响，从而导致疾病的发生。大量的病例证明，消极恶劣的情绪会引起免疫能力下降、体力过度消耗等生理上的变化，进而影响到我们心理的健康状况。而且那些精神上长期处于忧郁状态的人，肠胃系统的功能会受到影响，因为情绪抑郁会使胃肠蠕动和消化液的分泌受到抑制。据说，人在愤怒的时候 1 小时的体力与精神的消耗，相当于加班 6 小时以上的消耗。

因此，我们应该学会去调节自己的情绪，尽量避免消极情绪所带来的危害。现在，我们越来越觉得快乐少了，烦恼多了。只要你用心寻找，快乐其实很简单。哪怕是一件微不足道的小事都可以成为我们快乐的源泉，下面是一些人总结的能够让人感到快乐的小事。

遵从你的内心。选择做对你有意义并且能让你快乐的事情，不要为了顾及人情或别人的期待去做一些事。

多和朋友们在一起，不要被日常工作缠身。亲密的人际关系，最有可能为你带来幸福。

简单生活。更多并不代表更好，放慢节奏，简化生活。用不化妆省下的 30 分钟在花园里行走，用步行代替拥挤的公交车，亲手做一顿简单的菜肴而不去饭馆跟朋友觥筹交错。

有规律地锻炼。体育运动是你生活中最重要的事情之一。每周只要 3 次，每次只要 30 分钟，就能大大改善你的身心健康。

睡眠。虽然有时"熬通宵"是不可避免的，但每天 7～9 个小时的睡眠是一笔非常棒的投资。这样，在醒着的时候，你会更有效率，更有创造力，也会更开心。

给予。当我们帮助别人时，我们也在帮助自己；当我们帮助自己时，也是在间接地帮助他人。

勇敢。勇气并不是不恐惧，而是心怀恐惧，依然向前。

感恩。记录他人的点滴恩惠，始终保持感恩之心。每天或至少每周一次，请你把它们记下来。

什么是情感智商

通常我们说一个人聪明是指这个人智商高，这里的智商是经典智商。经典智商崇尚理性思维，理性思维对科技的发展和人类的进步有重要意义。然而弗洛伊德心理学让我们领悟到，除了理性思维之外，非理性的思维方式对我们来说也非常重要。非理性的思维则体现了情感智商的价值。

"情感智商"又称"情商"，最初由美国著名管理学家丹尼尔·戈尔曼在其专著《情感智商》中提出。戈尔曼认为对一个人的成功起决定性作用的因素中智商只占20%，情商占80%。情感智商指人在情绪、情感、意志、耐受挫折等方面的品质。它是一个复杂的整体，包括行为、能力、信仰以及能使人们实现梦想和使命的价值观。情商决定我们的情绪和感觉，影响我们的行为和精神状态，在社交中帮助我们识别出别人的情感，指引我们建立良好的人际关系。情商意味着通过与你周围的环境相互作用，使你能够完成你的目标和使命。

丹尼尔·戈尔曼在《情感智商》中提到了诸如坚定的意志、自信、热情和自我激励，等等。这些因素其实与你的情感状态紧密相连。如果你的情商较高，那么你就能获得坚定的意志、自信、热情和自我激励的能力。耶鲁大学的教授彼得·萨罗维对情感智商的定义，则在这些特征的基础上增加了自我意识和

◇ 情商技能 ◇

其实，情商并不神秘，它是一系列的技能，包括以下三个方面：

你们要听话。

1. 认识并管理好自己的情绪

认识自己，才能成为自己的主宰；避免受情绪的控制。

原来他并不开心。

2. 识别别人的情感

了解他人的情绪是沟通与合作的前提。

3. 人际关系的管理

高情商的人才能获得良好的人际关系。

你可以把这些技能自觉地运用在工作和生活中，使自己发展到更高的境界，成为一个具有高情商的人。

移情作用。所谓"移情作用"就是同理心，认同和理解别人的处境、情感和动机的能力。移情作用能够让你学会"阅读"某人的情感状态，并利用这一信息来更好地与别人相处。

情商高低的不同表现

情商高的人	情商低的人
自信	自卑
勇敢	怯懦
善于沟通	拒绝沟通
喜欢赞美别人	惯于批评和嫉妒
心胸开阔	心胸狭窄
信任别人	生性多疑
乐于配合	不善与人合作
容易接纳	排斥
积极乐观	抗拒

很多时候，人们不能很好地控制自己的情绪。正如亚里士多德所说，任何人都会生气，这说起来非常容易，但是要能做到以适当的方式，为了正当的目的，在适当的时间，掌握适当的分寸，对恰当的对象生气，那就不是那么简单的事情了。有时，人们在需要控制自己的情绪时却大发脾气；有时，人们在

需要坚定的意志力时却不堪一击。

　　情商对人的工作、生活都非常重要，它会影响人的一生。孩子如果没有受到良好的情感教育，就会变得自卑、怯懦，甚至封闭自己的情感，不敢与别人交往。在婚姻生活中，如果不控制自己的情绪，不考虑对方的感受，可能会导致婚姻破裂。父母如果不顾孩子的感受，把自己的意志强加在孩子身上，就会激起孩子的怨恨。在职场中，情商往往决定一个人晋升。在公司中，如果一味地表现自己，不与同事进行情感沟通，就不能得到别人的尊重。企业领导者如果总为自己考虑，对员工随意批评，就会失去员工的信任。

　　如果你的智商很高，情商却很低，那么你有可能取得很高的学位，但是很难在团队中发挥自己的作用。因为在团队中，情商发挥着重要的作用。不能控制自己的情绪、不会换位思考的人很难在团队中赢得尊重和支持。相反，如果你的智商不高、情商很高，那么你很可能会取得事业的成功。如果你有较高的情商，你就能够妥善处理各种关系。你能够控制自己的情绪，既不伤害别人，也不被人伤害。你有充分的自信，能够得到别人的认可和赞美。你在人群中很有影响力，在与人交往的过程中，你总是掌握主动权。因此，在现实社会中，有些人并不是很聪明，但是他们却能够取得成功。

　　虽然我们强调情商的作用，但并不是贬低智商对成功的影响。智商与情商是相辅相成、密不可分的。如果你的智商很高，那么高情商可以使你更充分地发挥智商的作用。古今中外的所有成功者，无论是革命家、思想家，还是作家、艺术家、科学家、企业家，都是高智商与高情商的完美结合。比如，诸葛亮既能运筹帷幄、决胜千里，又能妥善处理与将士以及百姓的关系，在1000多年后的今天还能赢得人们的尊敬。周恩来总理是伟大的无产阶级革命家和政治家。中华人民共和国成立后，他处理党和国家日常事务的同时还负责外交工作，他是国际著名的外交家，也是爱民如子的好总理。科学家居里夫人在艰苦的环境中凭借顽强的精神和对工作的热忱发现了镭，却毫无保留地公布了镭的提纯方法。

人为什么会笑

笑可以说是我们生活中最常见的现象之一了，我们每天都可以看见很多种不同的笑，如孩子纯真的笑、老人仁慈的笑、父母关心的笑、老师和蔼的笑，等等。可是，你有没有想过我们为什么会笑呢？对于这个看似简单的问题，我们却知之甚少。

据科学家称，在所有的生物中，只有人类和一部分猴子会笑，其他的生物都不具备笑的能力。心理学研究表明，大约从出生的第八天开始婴儿就会笑。心理学家认为，笑是婴儿简单

◇ 笑容的力量 ◇

心理学研究表明，笑能增加亲和力，所以人们更愿意和爱笑的人相处。

笑可以缓解紧张状态，同时也对我们的生活有积极的影响。

医生和心理学家认为，笑是一剂良药，可以提高人的免疫力和消化能力。

爱笑的人在社会生活中往往更加出色，所以，多笑笑吧。

乐趣的（如食物、温暖、舒适）第一个表示。耶鲁大学心理学副教授雅各布·莱文博士说，婴儿在6个月到1岁就学会了对事物发笑的本领。尽管我们笑的本领在生命的最初就已经习得，却是用一生的时间来完善。

美国马里兰大学的心理学家普罗文对笑进行了长达十年的研究。他发现，笑最初只是人类祖先在游戏时，互相胳肢所产生的生理反应。当时，人们发出的是一种"呼呼"的喘气声，经过长时间的演变才逐渐成为现在的"哈哈"大笑。随着人类变得越来越聪明，也赋予了笑一定的社会功能，比如笑能够加强社会中人与人之间的联系，在人际交往中起到润滑剂的作用。有研究表明，人们在分享一个笑话时，会增加他们之间的友情。牛津大学的罗宾·邓巴首次发现，笑能增加人体内的内啡肽，而这种物质被称为是我们身体里的一种天然的"鸦片"，能让人感到非常快乐。不过，也有专家指出，人自然而然的笑与在谈话中感觉窘迫和紧张时的笑是不同的，前者是发自内心的，而后者则是被迫的，受到社会环境的控制。

对于人类为什么会笑的问题，美国精神病学家V.S.拉马钱德兰在其著作《大脑？还是幽灵？》中进行了这样的描述："当发生意想不到、需要提高警惕的事情时，人会紧张起来；但当弄清楚情况后，如果这件事情对自己没有威胁，人就会笑出来。"美国的拉玛昌达拉医生也对人类笑的原因进行了研究和探索。

他认为，当你预感到有某种结果出现的时候，而事实上却并非如此，结果与你预想的大相径庭，这时候可能你会发笑，你通过笑来告诉周围的人，你所预想的结果只是"假警报"。拉玛昌达拉医生是在诊治一名患怪病的印度妇女时，发现这种被称为"假警报"的现象的。他用一根针触击这名妇女的皮肤时，她竟然"哈哈"地笑个不停。拉玛昌达拉医生认为，对于一个正常人来说，皮肤接受的疼痛信号会被送到大脑中，相应的部分就会对疼痛做出反应，紧接着这一信息传到大脑中的感觉中心，最后就会产生疼痛的感觉。但是对这名妇女来说，针触击的这种疼痛的信息只在大脑的疼痛中心而未传到感觉中心，疼痛中心和感觉中心的联系被异常地切断了。因此她感觉不到剧痛，大脑只能将其解释为"假警报"，于是便"哈哈"大笑了。

比如，你走在街上，迎面走来一个凶神恶煞、怒气冲冲的人，这时你不由得紧张起来，于是你用双手紧紧地护着自己的包，你以为这个人是抢劫的。可是，当他走到你面前的时候，只是向你打听去某个地方的路线。这时紧绷的神经终于放松下来，想到自己刚才紧张的心情你不由得暗自发笑。刚才出现的那个凶神恶煞的人原来只是一个"假警报"而已，当这个"假警报"被解除了之后，我们就会不由自主地发笑。也就是说，当我们意识到某种危险存在的时候，就会不由自主地紧张起来，但是当发现原来危险并不存在，只是自己虚惊一场而已，就会不由自主地笑出来。心理学中对这种状况进行了解释，认为笑是一种缓解紧张状态的方法，通过笑我们能够达到心理上的平衡。

人为什么会愤怒

笑是一种让人愉快的情绪，而愤怒则不然。生活中，我们发现自己会为鸡毛蒜皮的小事而发怒，但是你有没有想过自己为什么会发怒呢？

从心理上说，愤怒是一种能够进行自我保护的反应。当对我们有价值的事物受到威胁时，为了维持生活的平衡，我们就会产生一种愤怒的情绪从而达到自我保护的目的。比如，你非常喜欢自己的女朋友，觉得她在你的生命中占据很重要的位置，你觉得她对你很重要的。但是某一天，你突然发现她背着你和别人在一起了。此时除了愤怒之外没有什么能够表达你的心情了，你伤心、难过，甚至觉得在朋友面前很难堪，但是为了掩饰自己比较脆弱的一面，你表现出一种强势的愤怒情绪，实际上这也是在进行自我保护。因为我们为保护我们的利益而愤怒，为争夺有价值的东西而愤怒。而且往往在大多数情况下，有一方会做出妥协，这样就避免了冲突的发生。这就是愤怒作为一种保护自我的手段的运作机制。

说到这里，也许有人会问为什么有些人不容易发怒，而有些人很容易发怒呢？对此的一种解释是随着我们生活水平的提高，生命已经有了足够的保障，不会因为少吃一顿饭就饿死，也不会缺少某一样东西而无法生存，能够引起我们生气的因素相对变少了。当然这并不是说这些人就不会生气，当有些事情或人触犯了自己时还是会愤怒的。

心理学家认为，人有一种被称为"自尊情感"的情绪，这种情绪和愤怒有密切的关系。所谓自尊情感就是人认为自己有价值的一种感觉，可能和我们平时所说的"自尊心"有点相似，但是却不是一回事。实际上，愤怒是保护我们的自尊情感的一种行为。比如，你听到别人对你说"你身上一无是处""你活在这个世界上简直是一种祸害""你简直糟糕透顶"之类的话时，你的自尊情感就会受到很大的伤害。出于对自尊情感的保护，我们就会愤怒。但是，自尊情感高和自尊情感低的人对此的反应是不同的。若一个自尊情感高的人面对别人的侮辱时，他们能够宽容对待，因为不管别人说什么，都不影响他们对自己的评价，因此也不会产生愤怒的情绪。相反，一个自尊情感低的人则会很在乎别人对自己的看法，他们需要从别人的肯定和尊敬中获得自己的自尊情感，因此，当面对别人对自己不适当的评价或侮辱时，就会很愤怒。从这一点来看，自尊情感的高低和自尊心的强弱刚好是相反的。一般情况下，一个自尊心强的人面对别人的侮辱和怀疑是很容易愤怒的，而一个自尊心

◇ 焦虑也会引起愤怒 ◇

我们总是喜欢对行为和结果进行预测。当某种行为或结果不在预料范围之内时，就会感到焦虑和不安。而这种焦虑和不安会以愤怒的形式表达出来。

好的，那我们半个小时后见。

怎么还不来？不会出什么事了吧？

比如，和朋友约好了去逛街。

可是过了半个小时她还是没有出现，你不由得有点急躁和不安。

太可恶了，不来也不说一声！我自己逛！

一个小时过去了她仍然没有出现，这时你的这种急躁和不安的状态最终演变成愤怒。

也就是说，当事情没有按照我们预想的那样发展或是不在自己的控制范围之内时，我们就会产生愤怒的情绪，这也是一种自我保护的方式。

弱的人则会抱着无所谓的态度。因此，我们应该提高自己的自尊情感，冷静地审视自己，发现自己身上值得尊敬的地方。要学会尊敬自己，然后才能从别人那里得到更多的尊敬，只有这样才不会因为一点琐碎的事情而愤怒。

越是不想拥有，越容易获得快乐和幸福

一次，学生们怂恿苏格拉底到繁华的集市上走一遭，因为那里的物品实在是太丰富了，如果不去欣赏一下就太可惜了。苏格拉底耐不住劝说，就去逛了一番。集市中琳琅满目的商品果然令他大开眼界，然而苏格拉底慨叹道："世界上竟然有那么多我不需要的东西。"这就是苏格拉底与普通人的不同之处——常人考虑的是自己想要拥有其中的哪些，可苏格拉底恰恰相反，在他眼中，自己的生活已经是富足的了，所以，集市中的东西即使再好也与自己没有什么关系了。

正因为苏格拉底心中没有这种匮乏感，所以他的心里才是快乐的。正所谓知足常乐。相反，自己想要拥有什么却又得不到就会产生苦恼。当然，知足常乐和安于现状、不思进取是两回事，知足的根本在于对自己所拥有的怀有一份感恩之心。

有一个人因为贫穷买不起鞋穿而感到很苦恼，可是有一天他忽然见到一个没有脚的人，这才陡然感觉到自己是多么地幸

福。他知道，相对于拥有健全的肢体，穿的衣服破一点又有什么关系呢？

还有一个经常被讲述的故事，说一个老大娘有两个女儿，大女儿卖草帽，二女儿卖雨伞，晴天的时候老大娘就替二女儿担忧，因为晴天雨伞就不好卖了；而雨天的时候老大娘又为大女儿发愁，因为雨天草帽就没人买了。有人劝慰她换一个角度来想，晴天时就想着大女儿的生意好。而雨天时则想着二女儿的生意好，这样，无论是晴天还是雨天，老大娘就都会为女儿感到高兴了。

事情并没有变化，但是看待事情的角度变了，人的情绪就随之改变。我们要因为自己的拥有而心怀感激，而不应当因为自己的缺乏而抱怨。这样，才可以常享快乐的人生。

苏轼在《赤壁赋》中说："且夫天地之间，物各有主。苟非吾之所有，虽一毫而莫取。惟江上之清风，与山间之明月。耳得之而为声，目遇之而成色。取之无禁，用之不竭，是造物者之无尽藏也，而吾与子之所共适。"以苏子的达观，怀知足之心，则何匮之有呢？

快乐不是因为拥有得多，而是因为想要的少。占有再多只能体验到一时的快乐，而无穷的欲望仍然会折磨贪求的心。知足才能真正常乐。

幸福也是一样，当你不是总在想自己是否幸福的时候，你就是幸福的。

有一个知名的企业家，事业取得了辉煌的成功，却突然被检查出患了癌症，此时，他蓦然发现，自己这些年来在社会上奔波辗转，虽然取得了常人难以想象的成功，自己也为此而感到骄傲，但是却从未用心体验过幸福，于是他决定在生命最后的日子里，抛弃一切世俗的纷扰，再无利害得失之心，而只一心平静地过安乐的生活。不久之后，他在复查时发现，自己竟然神奇般地痊愈了。他在追求一切的时候，其实得到的只是外在的物质，而在放下了一切的时候，才获得了内在的富足，才获得了真正的幸福。

这个故事讲述的就是关于幸福的定律：当你不在意自己究竟是否幸福的时候，你就走进了幸福之中，正所谓"有意栽花花不发，无心插柳柳成荫"。

为什么会有这种欲求而不得，不求而反获的事情呢？很多人有过这样的体验，就是在某种情况下，越是强制自己集中注意力，注意力却越无法集中，而放松下来则常常会自然地投入进去。幸福感也与此相似。其实，人们在心里刻意地惦记着的幸福都是由于不满足而产生的，而不满足则会促成焦虑感和失落感的产生，焦虑和失落的心理正是破坏幸福感的基本因素。

有句俗语叫作"身在福中不知福"，人们习惯将身边的一

切看得平常，即使它很好，也浑然不觉；即使它很坏，也能够平静地承受。但并不是每个人都甘于现状，有些人认为自己当下的生活是不幸福的，而一心汲汲于对幸福的追求。可是这些人往往只是将幸福作为一种结果来看待，忽视了真正的幸福并不在于得到了什么样的结果，而是在于生活的过程本身。

痛苦挥之不去，快乐却很容易消失

《红楼梦》第三十一回中，林黛玉曾说："人有聚就有散，聚时欢喜，到散时岂不冷清？既清冷则伤感，所以不如倒是不聚的好。比如那花开时令人爱慕，谢时则增惆怅，所以倒是不开的好。"俗话说，"千里搭长棚，天下没有不散的筵席"，热闹只是短暂的，而冷清却是常态，所以林黛玉对于欢聚有着一种抵拒的态度。人生就是这样，欢乐之时少，而悲苦之日多。

人们这种痛苦的感受其实并不仅仅是时间长短造成的，更主要的是心理原因——对于悲苦，人们有着更为强烈的感受；而对于欢乐，虽然一时的感触也会很深，但总是不如痛苦所留下的印痕那样深。人似乎天然地具有咀嚼痛苦的偏好，而且这种心理取向是不由自主的。虽然每个人都不喜欢去回味痛苦，可是偏偏痛苦的情景会经常地浮现于脑际，给自己带来深深的困扰。

◇ 重视痛苦情绪的消极影响 ◇

要重视痛苦情绪对人的心理可能产生的严重的消极影响，一旦经历了重大的痛苦事件，应当及时进行心理疏导，以缓解其后的不良心理反应。

例如，发生重大的地震灾害之后人们会对受灾的人施以心理救援，避免当事人心中的忧伤引发心理问题。

在家庭和学校教育中，也要避免会给孩子的心理造成较大程度伤害的事件发生。典型的例子就是家庭暴力。

孩子在遭受了痛苦的惩罚之后，往往会产生怨恨的心理，这对其身心的成长是极为不利的，严重的话甚至会阻碍孩子形成健全的人格。

陆游与表妹唐婉彼此深爱，但不幸被母亲拆散。此后，两人只在沈园见过一次面，不久之后唐婉即郁郁而终，而这也给陆游留下了无尽的伤感，直到晚年也不能有丝毫的忘怀，曾经多次作诗来表达心中的这份苦楚："梦断香销四十年，沈园柳老不飞绵。此身行作稽山土，犹吊遗踪一泫然。"读来令人万分感慨。而南唐后主李煜在被俘之后也久久地沉湎于亡国之痛，极其悲恸地吟唱着："多少恨，昨夜梦魂中……"

还有祥林嫂，她的后半生几乎一直沉浸在失子之痛中。难道她的人生真的就没有一点快乐可回忆吗？当然不是。而是那痛苦实在不容易让她忘记，渐渐地她竟忘记了还有快乐这一种感受。

通过这些事例可以看出，强烈的痛苦情绪是会影响人的终生的，而却很少有人能够把某件乐事记一辈子。这就是快乐不对称定律。

快乐和痛苦如此不对称，那是不是就意味着要一味地沉沦于痛苦之中呢？像祥林嫂一样，在痛苦中变成一个怨妇？当然不能。既然我们无法回避不开心和痛苦的事，那么让自己在经历这些伤心和痛苦后尽快开心起来就非常重要了。

这其实也是快乐不对称定律给我们的启示。真正的快乐其实正是源于对痛苦的领悟，没有痛苦我们也无从体会快乐。我们只有正确地面对痛苦，理智地剖析它，肯定应该肯定的，否定应该否定的，只有这样我们才能学会放弃，才懂得珍惜，才能记住该记的，忘记该忘记的，才能让痛苦成为人生的一种财富、一段经历、一份回忆、一种领悟。

"孤独综合征"正在流行

当一个人独处的时候，往往会感到孤独，可是，当自己与他人共处的时候，也未必就不会孤独。因为孤独更重要的不是指一种客观的生活状态，而是指一种主观的心理感受。置身繁华之中，心中或未能免于凄凉；而茕茕孑立，心里也并非就一定是落寞的；长期在一起，甚至有着亲密的身体接触，可心灵无法沟通，造成的孤独感更强。

就本质而言，孤独是一种因为无法与他人展开正常的思想交流而产生的苦闷，是一种因为得不到他人对自己内心世界的深入理解而产生的困惑。因为这样的苦闷和困惑，会让自己觉得在心灵的境地中，只有一个孤零零的身影，没有人理会，自己也寻找不到其他的人为伴。

这一点在城市人群中更加明显。在拥挤不堪的都市、无处不在的生存和竞争压力以及人际关系的日渐淡漠中，无论是青少年、老人、事业成功的白领，还是普通外来务工人员，都面临被"孤独综合征"席卷的危险，个性变得孤僻消极。现代都

◇ 如何缓解孤独 ◇

孤独是每个人都会面对的情况，那么该怎么样缓解自己孤独的情绪呢？

主动地寻求与朋友多交往的机会，令自己寂寞的心情得到一定的缓解。

学会移情，将注意力转移开，比如培养一些积极的爱好，给生活中多增添一些乐趣。

学会享受孤独，充分地利用孤独的时机认真地反省一下自己的生活，从中品味出思考的快乐。

市的拥挤、社会竞争的加剧、生存压力的加大以及信息的泛滥、戴着面具的职业角色以及单门独户、封闭的现代居住方式等是诱发孤独综合征的根本原因。

孤独综合征症状的个体差异性很大，但通常都会在孤独感产生后出现情绪低落、忧郁、焦虑、失眠等不健康状态。不过，有一点需要澄清，就是孤独综合征不同于孤独症，前者是因孤独而产生的心理综合症，后者被医学和教育界认为是一种精神残疾的心理疾病，也叫作自闭症。孤独综合征其实和自闭症是完全不同的两个概念，所以，城市孤独者们不管多孤独都不必怀疑自己患上了孤独征，心理综合征只要稍加调节就会恢复正常的，这就需要我们对孤独有一个正确的认识。

事实上，一个人的内心深处是很难被另外的人所真正理解的，而且人的精神世界越丰富就越是如此。常言道，人生得一知己足矣。所谓知己，也就是超越了那些泛泛的表面的了解而能够潜入深处真正感知到自己心灵的人。这在于常人，或许还不难寻到，可是如果一个人的心地颇为渊深，那就不容易碰到知己了。俞伯牙摔琴谢知音，讲的就是这个道理。知音已无，自己高妙的琴声又有谁能够欣赏？既然连能够领会其妙处的人都没有了，那么自己抚琴给谁听，还有什么意义呢？

在《庄子》一书中有这样一则故事，楚国都城郢有两个匠人，一次在做活的时候，有一滴泥浆落在了一个匠人的鼻子上，他要用手去拂掉，可是另一个匠人却说："让我来帮你。"说完他就举起斧子飞快地落下，再一看，泥浆被削得干干净净，可是鼻子却丝毫没有受伤。后来有人让他再表演一次这样神奇的技术，可是他却说："我固然还有这样的技术，可是我的对手已经不在了，所以是无法进行表演的。"也就是说，另一方只有对他怀有充分的信任才会很好地配合，任凭多么锋利的斧子削下来，都会毫无惧意而纹丝不动，所以两人能够合作得如此完美。试想，如果对方怀疑他会不会削伤自己的鼻子而乱动起来，而持斧的人却是按照原来的位置削下去，那么，结果或者是没有把泥浆削掉，或者削掉的也就不仅仅是泥浆了。他们之间之所以能够产生这种信任，是因为他们彼此深深地相知。

孤独是人们经常会面对的一种情境，它的滋味是苦涩的，因而绝大多数的人排斥孤独，但是又很少有人能够完全避免孤独。人们更需要做的是，如何与孤独和平地相处——正视孤独，尤其当自身遭遇了某种不顺利的时候，要知道孤独尽管可能带来一时的悲观，但绝不意味着长久的绝望。

第六章

人际关系心理学
——识人"心"，才能得人心

了解性格，与人和谐共处

性格与人际关系的密切联系是绝对不能忽视的。在交往中，每个人都会表现出或多或少的缺陷。若想与人和谐相处，使人际关系更加完美，最重要的一点就是要全面、清晰、客观地了解真实的自己，然后再根据自己和社交对象的性格类型，来把握与其接触时应该注意的地方，以使自己的人际关系日臻完善。

大千世界，人们的性格表现千差万别，不过归纳起来大体可以分为两大类型：内向性格或比较倾向于内向性格、外向性格或比较倾向于外向性格。通常认为，外向型的人活泼开朗，能言善辩，善于交际；内向型的人文静内敛，讷口拙言，不善交际。然而世上没有完美的性格，任何一种性格都存在着积极

◇ 外向者与人交际时容易犯的错误 ◇

虽然说外向性格的人在交际时比较受欢迎，但是，因为他们的性格原因，还是会犯一些错误。

你凭什么对小张说我的坏话！

什么时候的事？我完全不记得了。

"祸从口出"

外向性格的人大大咧咧，什么都说，除了让人产生不信任感之外，还可能无意得罪别人而不自知。

听说你最近比较困难，你先拿着用。

这是听谁说的？真是多管闲事。

容易给别人留下多管闲事的印象

他们往往过于热情，但把握不好的话就会让人觉得爱管闲事。

她怎么什么都问啊，真烦人！

刨根问底惹人烦

他们喜欢与人交流，但是如果过多询问对方的私生活，容易使对方心生不悦。

所以，虽然外向型性格有很多优势，还是应该多注意，尽量与人和善交流。

和消极的两个方面，既有优点，又有不足。

如果你是外向型性格的人，一般来说会比较擅长交际。你活泼阳光，充满活力，善于社交，乐于助人，能够轻松赢取他人的好感，人际关系十分和谐；你擅长自我表现，能言善辩，诙谐幽默，与陌生人相处也毫不胆怯，能够轻松地引导现场气氛。

不过，也有一些地方需要注意：

（1）不要凭表面现象轻易地对人做出好恶评价，不要用眼前的利害得失来选择朋友。

（2）尽可能地努力维持一些值得深交的朋友。

（3）要守时，守约定，谨慎遵守各项规范，尤其在上级或关系比较生疏的人面前，应时刻保持礼仪，多用敬辞、谦语，切不可采取粗鲁、轻浮的态度。

（4）在社交活动中调节气氛时，切勿说些低级的、轻薄的笑话和故事，否则你的形象会在别人心里大打折扣。

（5）在谈判过程中，不应轻言放弃，努力保持柔和的态度，充满耐心，谨记"欲速则不达"。

（6）在与内向型的人交往时，应当尽量让自己的神经变得"纤细"一些，细心，耐心，多观察对方情绪的变化，充分考虑各方面的因素，谨慎行事，避免引起对方不悦，或对其造成伤害。

（7）内向型的人一般思虑深远，慎重务实，如果你的上司是这种类型，则务必要严守规矩，时刻保持紧张认真的工作状态，切莫粗心大意、玩忽职守。

内向型性格的人，沉稳踏实，善于思考，耐心谨慎，冷静理智，自制力强，平易近人，坚忍执着，但亦有敏感多疑、个性消极、固执拘谨、因循守旧、精神懒散、反应迟钝、行动缓慢的特性。作为内向型性格的人，应该明确这样的观念：内向性格不等于不良性格，更不是成功交际的障碍；只要认识自己，把握好方法，充分发挥性格中的优势，巧妙规避个性的不足，同样可以拥有很好的人际关系。

内向型性格的人诚实、认真、踏实，容易给人留下好印象，但是，因为内向型性格的人对人群比较疏离，一般会采取非常慎重的人际交往方式，有时候还会有些顽固、古板，这也是很不利于社交的，因此，在与人交往时，性格内向的人应该克服自己性格中的不利因素：

（1）彻底地认同自己，了解并承认自己性格中的优点和劣势，不要过于追求完美，不要过度压抑自己的情绪和欲望，给自己留一点"人格余地"。

（2）多培养一些兴趣爱好，多与他人接触，尽量多交朋友、培养友情，走出孤独的心境。

（3）与人交往的过程中，无须太在意对方的想法和态度，避免给人留下懦弱、没有自信的负面印象。

（4）积极地肯定自我，学会欣赏自己。

（5）努力将性格中善良和温柔的特征向着更坚忍的方向发展，使自己变得更坚强和勇敢。

（6）与人交往时，应当尽量阳光、爽朗一些，不要给别人留下忧郁、高深莫测，甚至阴险的印象。

（7）多注意对方的观点、想法、情绪、表情、行为等，遇到自己不感兴趣的问题时，不要立即明显地表示出"无聊透顶"的态度。

（8）尽量主动地努力发掘有趣的、快乐的话题，做一个善于倾听、善于赞美的谈话对象。

（9）不要因为鸡毛蒜皮的小事影响心情，学会宽容，注意"己所不欲，勿施于人"。

（10）应该适当发挥圆通性及随机应变的能力，给人留下善解人意、成熟周到的印象。

（11）与外向型的人交往时，应尽可能多地发现对方的优点和特长，然后毫不吝啬地给予肯定和称赞，这会让他们喜不自禁，并对你产生认同感。

先接受再拒绝的"Yes，But"定律

先接受再拒绝的"Yes, But"定律。这很像我们语文中学习过的一种称作"先扬后抑"或"先褒后贬"的修辞手法，也就是说当你想贬低或批评一个人时，先对他进行表扬然后再进行批评，比直接批评他身上的缺点和毛病更能让人接受。同样，在沟通过程中，如果你不同意某个人的想法和意见时，先要指出其可取之处，然后再批评其错误和不当之处，这样反而让人更容易接受。用一句比较通俗的话说，就是先给他吃一颗甜枣，然后再给他一粒药丸，这样他就不会觉得药丸很苦了，甚至还能感到枣的甜味。

这种先说 Yes 再说 But 的沟通方式对个人的发展有很重要的作用，尤其是对那些刚出校园的年轻人。年轻人刚踏入社会，总是希望尽快地崭露头角，抓住一切能够表现自己的机会，这些都无可厚非。可是，不能因为这样就不顾及别人的感受，将自己的想法强加于别人。在沟通中掌握一定的技巧，则会起到事半功倍的效果。

众所周知，从事销售行业的人主要靠说话吃饭，天天和形形色色的人打交道，更要学会沟通的技巧。以保险公司的推销员为例，这可能是最不受人待见的职业之一了吧。当你向客户推销保险时，他们可能会很不耐烦，甚至会丢下一句话"我对

◇ "Yes,But 定律" 在谈话中的运用 ◇

生活中，我们总是希望自己的想法、意见被别人接受，甚至还试图去改变别人的想法和态度，可是一切并不能如我们所愿，因为冲突是在所难免的。这时你会怎么做呢?

1

立即否定别人的想法，表明自己的态度和立场，不给别人留有任何回旋的余地，不管别人接受不接受。

2

先耐心地听对方说完，赞同对方的可取之处，然后再否定或是拒绝，紧接着表明自己的态度和立场。

太过于绝对化，让对方下不了台，甚至还会激起逆反心理，影响双方之间的关系。

将对方和自己置于平等的位置进行对话，让对方有被尊重和重视的感觉，这样对方也更能接受你的想法。

显然，第二种方法更好一些，这也是一种拒绝别人的技巧，也就是"Yes,But"定律。

保险不感兴趣"，从而将很多销售人员拒之门外。有些销售人员可能会知难而退，觉得毫无希望了，而那些优秀的销售人员则会尽力给自己争取机会，赢得说话的机会。比如他们会说："您说得的确很有道理，我们都希望自己的家人朋友健健康康的，没有什么意外发生。谁会对这种与生、老、病、死有关的事情感兴趣呢？其实，我自己对保险也没什么兴趣。"这样顺着客户的意思先说 Yes，从而为自己赢得了说话的机会。这时，客户就不会那么反感了，反而会觉得你很真诚，会继续和你交流下去。这样你就可以抓住机会，向他讲述保险对人的重要性，"虽然我们对保险都不感兴趣，但是生活中总会有这样或那样的意外发生，未雨绸缪、防患于未然总不是什么坏事情"等，这样就大大增加了推销成功的可能性。

如果一开始，我们就否定客户的说法，只会引起客户的反感，这样我们连说话的机会都没有了。先对他的说法表示认同，然后再表明自己的态度和立场，告诉他保险的重要性，等等。不仅缓和了之前的紧张气氛，还为自己赢得了机会。看来这种人际沟通中的"Yes, But"定律真的很有效果。

在心理咨询中有一个很重要的原则，那就是倾听。在这里也同样适用，在和别人进行沟通时，同样要学会倾听别人的意见。也就是说，在说 Yes 之前要先学会倾听，不要未等别人把话说完就打断，这样很不礼貌。同时，也会让别人觉得自己不受尊重，觉得你是在应付他。另外，在说 But 时语气不能强硬，一定要委婉。当和别人的意见相冲突时，表明自己态度时要灵活一点，不要一竿子打死一船人，要给对方留有余地。这样不仅对方能够感受到你对他的尊重，而且不同的意见在发生碰撞时还能迸发出智慧的火花。

"Yes, But"定律是一种人际沟通技巧，同时也是重要的处世之道，更是一种以退为进的谋略，有助于我们更好地和别人进行沟通和交流，建立良好的人际关系。

多角度了解自己和别人

《孙子兵法》有云："知己知彼，百战不殆。"人际交往也是一样，只有充分了解了自己和别人，才能掌握交往关系的整体状况。这一点，在商业谈判中尤为重要。只有了解自己，才能满足自己的需要，实现自己的目标；只有了解对方，并站在对方的角度看问题，才能提前预测对方的行动，从而把握谈判的方向。

人际交往中，常常会因为自己的观点和别人的观点有差异而造成许多矛盾，而了解自己和别人就能摆脱单一的视角，是解决矛盾的良好途径。

人际交往中至少存在四种看待人际关系的角度：

站在自己的角度

"自己的角度"就是从自己的角度看待问题。遇到问题时就要问问自己：我的感觉如何？我想得到什么？比如和他谈话我感到很开心；他让我感到很紧张；我希望从这份工作中得到更多的成就感。站在自己的立场去看、去听、去感觉，才知道自己想要什么。

站在自己的立场上看问题，才能避免迷失自己。但是，要想全面地看待问题，还需要站在别人的角度，体会别人的感受和需求，把自己的感受和别人的感受进行对比分析。

站在对方的角度

"对方的角度"就是站在别人的角度去看，去听，去感觉，也就是通过移情体会别人的感受。比如，员工站在老板的角度思考问题，就会知道老板希望自己尽职尽责地工作，尽量提高工作效率；老板站在员工的角度思考问题，就会知道员工希望提高待遇和福利。员工与老板是一对矛盾统一体，他们的利益既对立又统一。要想使他们的关系和谐发展，就必须满足双方的利益。双方如果都为对方着想，满足彼此的需求，就会使企业和谐发展。

站在别人的角度，就能强烈地感受到别人的感觉和需求。通过这一视角的观察，能很好地理解别人的思想和行为。

◇ 第三者角度利于解决人际关系的冲突 ◇

"第三者的角度"也就是旁观者的角度，这个角度能客观地审视自己的人际关系，利于解决问题。

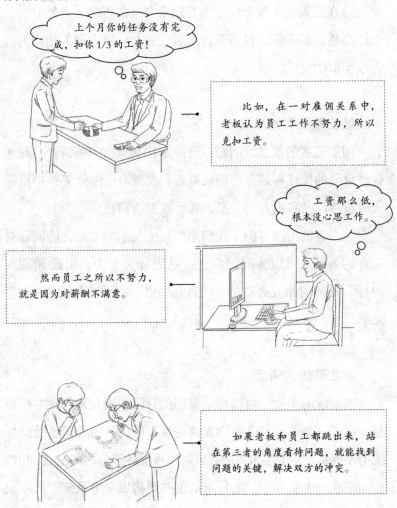

比如，在一对雇佣关系中，老板认为员工工作不努力，所以克扣工资。

然而员工之所以不努力，就是因为对薪酬不满意。

如果老板和员工都跳出来，站在第三者的角度看待问题，就能找到问题的关键，解决双方的冲突。

为了提高自己这方面的能力，可以想象自己坐到别人的位置上，问问自己：如果你站在别人的角度上会怎么看待问题，会有什么感觉？

站在别人的角度看问题是对原来自己的否定，开始时，你也许会感到不适应，但是习惯之后，就会做出和别人相同的行为或类似的反应。

站在第三者的角度

用第三者的角度看问题，可以不掺杂自己的感情，客观地看待自己的优点和缺点，扬长避短，发挥自己的优势；可以客观地看待自己和别人的关系，满足双方的利益。

第三者的角度有助于我们掌握整个关系的发展，协调敌对双方的关系。可以多问问自己：在人际关系中，自己和别人的行为是如何相互影响的，矛盾在哪里，需要怎么做才能改善关系。

站在系统的角度

"系统的角度"可以帮助我们把自己和别人紧密联系在一起，更进一步了解自己和别人的关系；可以帮助我们感受到系统中不同部分的相互作用，更加关注系统各部分之间是否和谐。比如，在一个企业中，老板与员工共同构成一个系统。从系统的角度看问题，我们不代表老板的利益，也不代表员工的利益，而是代表企业的整体利益。为了增强系统思维的能力，我们可以找到矛盾双方对整体造成的压力，想象这些压力发生在自己身上，这样可以促使我们找到问题的关键，协调系统内部的矛盾。

从系统的角度看问题，对提高人际交往的能力非常重要。任何人际关系都可以看作一个系统，为了系统整体的和谐与发展，各部分都应该采取恰当的行动。

通过以上这四种视角，我们可以很好地了解自己，了解别人，了解整个人际交往系统。

力争与对方保持一致能增强亲和力

心理学家发现，在交谈过程中，如果我们喜欢一个人或者认同一个人，我们的语言表达方式和肢体语言就会趋向于与他相同。由此，我们可以得出这样一个结论：模仿别人的语气和姿势可以增强自己的亲和力，获得对方的认同，减少抵触和防备心理。

有人做过一个实验，与人交谈时，注意观察对方的说话方式和肢体语言，然后调整自己的说话方式和肢体语言，尽量与对方相似。他发现这样可以拉近双方的关系，更加有利于沟通。

◇ 寻找双方的共同点拉近彼此的距离 ◇

谈话双方在某方面的一致性会拉近双方的关系，因此在交谈过程中要注意寻找双方的共同点。

> 去年我去海南的时候……

> 这么巧，我去海南的时候也是这样！

> 比如，你们是同学、同行或同乡，你们都曾经去海南度假，你们都喜欢唱流行歌，你们小时候都挨过打，等等。

> 也许你们之间没有太多的共同点，那你可以营造共同点，以赢得对方的认同。

> 不用点了，我也要一样的咖啡。

> 比如，你可以穿与他风格一致的服装，喝同一种饮料，吃类似的食品。

> 这种外在行为上的一致性也会给对方一种认同感，让他更愿意与你交流。

这在神经语言程序学上被称为"匹配"——说话方式和肢体语言越不匹配，沟通的障碍就越大。当人们发现你与他们不匹配，就会认为你不愿意与他们交流，或者认为你根本就不理解他们所说的话。

在这一点上，顶尖的销售高手做得非常好，他们很善于通过改变自己的说话方式和肢体语言，去适应潜在顾客的特性，以便与客户保持一致。与说话对象保持一致，是人际交往中提高亲和力的重要一步。

保持一个让对方感到舒适的距离

人们在进行交际时，空间位置和距离具有重要意义。它不仅体现出双方的亲疏远近，还能反映出一个人的心理状态和文化背景。美国人类学家霍尔博士研究出了四种表示不同关系的空间距离：

亲密距离：0 ~ 45 厘米，交谈双方关系密切，身体的距离从直接接触到相距约 45 厘米，这种距离适于双方关系最为密切的场合，比如说夫妻及恋人之间。

私人距离：45 ~ 120 厘米，好朋友、熟人或亲戚之间往来一般以这个距离为宜。

社交距离：120 ~ 360 厘米，用于处理非个人事物的场合中，如进行一般社交活动，或在办公时应采取这个距离。

公共距离：360 ~ 750 厘米，适用于非正式的场合，如在公共场所听演出等。

与人交谈时，要尊重对方，保持一个让对方感到舒适的距离。如果距离太近会让对方感到紧迫，如果距离太远会让对方感到疏远，都不利于建立良好的互动关系。

适应对方的音调

语音和语调可以反映一个人所处的特定状态。由于健康状态、生存环境和文化修养的不同，人的声音各不相同，有的浑厚，有的沙哑，有的充满磁性，有的非常尖利。在与人交流时，我们要注意对方的音调，通过声音了解对方的态度、情感和意见。

在交流中，我们还应该了解对方的音调，适应对方的音调。如果谈话对象的语速较快，就要调整自己的语速，适应对方的语速，这样才能赢得对方的好感，促进良好的交流效果。

选对方感兴趣的话题说

人们都对自己谈论的事情感兴趣，要想引起对方的兴趣，就要注意对方在谈论什么，然后投其所好。在交流时一定要做一个好的倾听者，注意对方在说什么，通过他表达的内容了解他关心的话题。如果他对政治感兴趣，就要谈与政治有关的话题；如果他对经济感兴趣，那就谈与经济有关的话题。要想与他建立良好的关系，就要知道对方的兴趣所在。

自然模仿对方的口头禅和经典动作

每个人都有自己的口头禅或者经典动作，比如有的人经常说"随便"，有的人经常说"天啊"，有的人会习惯性地挠头，有的人有属于自己的微笑方式……一个人的"口头禅"和经典动作能够传达出一些特定的信息。在与人交往时，要注意别人的口头禅和经典动作，揣测他的心理状态，并自然地模仿他说类似的话，或做出类似的动作，观察他的反应。

肢体语言

肢体语言在社交中无时无刻不在传递信息，在与人交流时，要注意他们的面部表情、身体姿势、手势、动作所暗示的信息。观察肢体语言时，要注意每一个细节，注意最小的信号所表达的肢体语言的变化。

在观察别人的肢体语言时，需要注意以下几点：

身体姿势：他的站姿怎么样？坐姿怎么样？肩膀如何放置？头部、脖子做出了什么姿势？他是如何保持身体平衡的？

动作：他是如何走动的？如何平衡他的脚步？身体各部位常做什么动作？

◇ 人际交往要保持适当的距离 ◇

刺猬理论说出了这样一个道理：人际交往中，不能过近，也不能过远，即"亲密有间，疏而不远"。

因此保持适当的距离，会减少不必要的摩擦，使彼此少受伤害。人与人之间的交往的确应该像刺猬取暖一样保持适当的距离。

心理学越简单越实用
XINLIXUE YUEJIANDANYUESHIYONG

手势：在交流中，他如何使用双手？手臂常常做出什么样的姿势和动作？

眼睛：关注他眨眼的频率、眼球的转动、凝视的方向和焦点、眼睛的湿润度以及眼睛睁开的缝隙。

面部表情：脸颊、嘴唇、眉毛、下颌、额头的形状、颜色、光泽度以及面部肌肉的拉伸动作。

呼吸：舒缓的呼吸，还是急促的呼吸？深呼吸，还是很浅的呼吸？

适应对方的感官通道

不同的人有不同的感官通道。有的人是视觉型的，他在交流时，就会倾向于使用视觉的词语，比如"我看清楚了这个问题"。有的人是听觉型的，他在交流时，就倾向于使用听觉的词语，比如"这个主意听起来不错"。在与人交流时，要注意对方擅长的感官通道，适应他的感官通道。在表达时要使用对方所熟悉的表达方式。

判断对方的信念和价值观

由于家庭环境、教育背景、个性特征的不同，每个人的价值观和世界观也有所不同。有些人看中物质享受，有些人追求精神境界，有些人认为法律应该更严格些，有些人认为应该有更多的假期。在交流时，要注意通过对方词语强调的方式判断他的信念和价值观，然后投其所好。如果双方观点有冲突，可以用一种委婉的方式提出来，但是要避免冲突。

幽默是处理人际关系的一种缓冲剂

在人际交往的过程中，如果你想说服别人，但是尝试着用很多种方法都无济于事时，不妨提起你的"宠物青蛙"。

这是一个非常有趣的研究，研究中实验的参与者与艺术品的售卖者进行讨价还价。在谈判快结束时，售卖者要进行最后的报价，只是有两种不同的报价方式。一种报价方式是，售卖者表示坚持原来的价格，不能做出让步；而另一种报价方式也是坚持原来的价格，不能做出让步，只是在最后增添了一点小幽默。比如，售卖者会说："我仍然坚持原来的价格，不能再低了，否则我的宠物青蛙都要跳出来替我说话了。"在听到"宠物青蛙"时，参与者都做出了让步。这说明在短短的时间内，幽默产生了巨大的作用。虽然说最后的报价仍然是原来的价格，参与者更愿意接受第二种掺杂幽默色彩的报价方式。

由此看来，幽默的作用不可小视，它让参与者处于良好的情绪状态，在同等价格的情况下，更愿意做出让步。因此，当你要争取自己想要的东西时，请尝试着用幽默去点燃别人。

可见，幽默在人际交往中发挥着重要的作用。美国一位心理学家说过："幽默是一种最有趣、最有感染力、最具有普遍意义的传递艺术。" 在社会交往中，难免会发生一些冲突、误会和矛盾。恰当地运用幽默，不仅可以化解危机，淡化矛盾，消除误会，还可以使人迅速摆脱困境，避免尴尬，缓和气氛。

例如，在一辆拥挤的公共汽车上，由于紧急刹车，一个小伙子无意中碰了一位姑娘，姑娘马上出言不逊，骂了一句"德性"。小伙子却不急不恼，风趣地说道："对不起，这不是德性，是惯性。"车上的乘客哄然大笑，姑娘则羞愧难当。小伙子凭借着高超的幽默感，成功地化解了一场即将爆发的冲突。

同样，在一次奥斯卡的颁奖典礼上，一位刚刚获奖的女演员准备上台领奖，也许是因为过于兴奋和激动，被自己的晚礼服绊住了脚而摔倒在舞台边上。当时全场静默，这么多观众都在台下坐着，这难免让人感到尴尬和窘迫，因为从来没有人在这样盛大的晚会上摔倒过。但是，女演员迅速地起身，然后真挚而感慨地说："为了能够走到今天的这个舞台上，实现我的梦想，我这一路走得艰辛而坎坷，付出了很多代价，甚至有时跌跌撞撞。"这时，全场爆发出雷鸣般的掌声。女演员凭借自己的幽默感，不仅成功地化解了危机，还得到了更多人的认可。

古希腊著名的哲学家苏格拉底也是一个善于使用幽默的人。据说，苏格拉底的妻子是一位性情非常急躁的人，往往当众给这位著名的哲学家难堪。有一次，苏格拉底在同几位学生讨论某个学术问题时，他的妻子不知何故，忽然叫骂起来，震撼了整个课堂。继而，他的妻子又提起一桶凉水冲着苏格拉底泼了过去，致使苏格拉底全身湿透。当学生们感到十分尴尬而又不知所措时，只见苏格拉底诙谐地笑了起来，并且幽默地说："我早知道打雷之后一定要跟着下雨的。"虽然只是一句简短的话，但是既淡化了矛盾，化解了危机，又不至于让自己很尴尬。而且妻子的怒气出现了"阴转多云"到"多云转晴"的良性变化。他的学生听了之后都欣然大笑起来，不得不敬佩这位智者的素质和坦荡胸怀。

幽默的确是一门艺术，也是一种修养。

拉近心理距离的方法

心理学中有一个刺猬理论，说的是这样一个故事：两只小刺猬共住在一个山洞里。这天天气异常寒冷，两只刺猬被冻得哆哆嗦嗦的。它们为了取暖拥挤在一起时，却感觉到了一阵刺痛，原来它们都被对方的刺扎伤了。于是，它们又分开了，可分开后没多久又都冷得打起寒战来。经过几次磨合，它们终于找到了合适的距离，即能取暖，又不至于被扎伤。

这就是所谓的"距离产生美"——保持恰当的距离容易让人产生审美经验。"审美经验"是心理学上的一个专有名词，它的内涵是指人在审美活动中的特殊感受和状态。具体地说，如果距离太远，审美活动中的双方就会脱离联系，审美主体就不会感受到审美客体蕴含的美感，审美客体就不容易发挥自己的感染力；如果距离太近，审美活动中的主体又会给对方造成压迫感和威胁感，更不利于主客体的交流。

美感在适度的距离上产生，情感在适度的距离上升华。人们都把亲密无间作为交朋友的最高境界，其实这只是一种美好的愿望，亲密是常见的，无间是不可能的。

距离有一种"自我矛盾"——远与近的矛盾，解决好这一矛盾，心理距离才能真正发挥其审美功能。

生活中，我们总是看到这样一些人，他们将自己的内心裹得严严实实的，不希望别人走进来，只有这样自己的心里才有安全感。其实不然，越是这样的人内心越是需要别人的理解，越是渴望能够和别人交流，希望和别人拉近心理距离。相信我们每个人都喜欢"真实""坦诚"这些美好的字眼，在人际交往中，我们总是希望和别人进行心灵上的交流和沟通，同时希望对方也能对我们坦诚相见。

我们有时候会发现，由于某一次推心置腹的交谈，你和一个人的关系突然之间就拉近了很多，同样也会因为一次不够真诚或很敷衍的交谈，朋友之间的距离反而变得远了。有时候随意聊天的男女会突然对彼此产生爱的感觉；有时候恋爱双方会因为某一件事情，感情突然加深很多。而这种心理距离的缩短在很大程度上得益于双方之间敞开心扉。在心理学中，这种沟通和交流的方式叫作"自我告白"。这种方法能够迅速地拉近你和别人的距离，比如，你向一个人诉说自己的秘密或家庭内部的一些问题，这种自我暴露的方式会增加彼此的亲密感。因为对于说的人来说，这种自我告白能够缓解自己内心的压力，而听的人会觉得对方是出于信任才会向自己倾诉。同时，听的人也会以同样的方式，以相同的程度进行自我告白，他们认为对方那么信任自己，自己也应该同样信任对方才是。这被称为"自我告白的回报性"。生活中我们也许会发现，与男性相比，女性更善于使用这种自我告白的方式来建立良好的人际关系。

此外，在心理学中还有一种与自我告白类似的方法，即"自我呈现"，是指意识到别人对自己的关注之后，然后有意识地去以对方期待的方式来塑造自己的行为。这同样是一种人际沟通的技巧和方式，但是在自我呈现的过程中，为了迎合对方的期待，难免会美化或吹嘘自己，与真实情况不相符合。这样不仅达不到拉近心理距离的效果，反而会让对方反感，不再愿意和你相处下去。

距离产生美，但如果过分保持距离，也会使双方变得疏远，甚至互相遗忘，所以，在人际交往中，"亲密有间，疏而不远"就显得很重要了。

发生人际冲突时该怎么办

人际冲突一般是指个人与个人之间的冲突——由于性别、年龄、生活背景、教育程度和文化背景等的差异，导致每个人对问题的看法不尽相同。于是，人与人之间的沟通和合作就出现了问题。

要想妥善处理人际关系，就要从多角度看待问题，找到有效的方法解决矛盾冲突。如果只站在自己的角度看问题，就会以自我为中心，认为自己对，别人错，就会加剧矛盾冲突。如果只关注自己的需要，只考虑自己的利益，就看不到别人的需求。

人际关系学家戴尔·卡耐基提出了管理人际冲突的几个原则：

避免冲突。管理人际冲突的最好办法是避免和人发生争辩。即便我们在辩论上胜了对方，把对方批得体无完肤，但那也只是获得了表面上的胜利。实质上，我们已经很让对方感到自卑，对对方心怀不满，原先的和谐关系已经因为我们的辩论而被破坏掉了。

尊重别人的意见，永远别指责别人。《圣经》上说过："赶快赞同你的反对者。"因为不管是上司、下属，还是家人、朋友，我们越是否定他的意见，就越会激怒他，越是指责他，他就越和我们对着干。这当然不是我们希望的结果。要想获得别人对我们的认同，就要尊重别人的意见。如果道理在我们这边，我们应该巧妙地说服别人，婉转地让别人赞同我们的观点，而不是通过否定和批驳对方来证明自己是正确的。

如果犯了错误，就迅速坦然地承认。林肯说过这样一句话："一滴蜂蜜比一加仑胆汁能捕到更多的苍蝇。"人与人相处也是如此，犯了错误之后，如果在别人责备我们之前，首先承认错误，这比听到别人的批评要好受得多，而且对方很可能会谅解我们，不再追究我们的过错。快速、坦率地承认自己的错误比找各种理由替自己辩护效果更好。

以友善的方法开始。如果一个人一开始就对我们抱有成见，他就不会接受我们的意见。当两个人发生矛盾冲突时，如果我们以敌对、仇视的态度对待别人，别人必然会与我们针锋相对，就会使矛盾不断升级。解决的出路是平心静气地坐下来，找到问题的原因所在。温柔、友善的力量永远胜过愤怒和暴力。我们应该用温和的态度提出自己有力的见解，而不是进行无谓的争辩。

让对方给我们一个肯定的答复。在交谈时，让对方说"是的"，他就会忘记争执，逐渐同意我们的观点并接受我们的意见。如果一个人说出"不"字之后，他的内心就潜伏了负面情绪，形成拒绝和敌对的状态。即使后来他发现自己的观点是错误，为了维护尊严，他不得不坚持到底。相反，当一个人说"是"

之后，他就会处于一种接受、开放的状态。引导别人说"是"，就能使谈话走向有利于你的方向。这种方法在谈判或销售工作中是非常实用的。

以肯定的回答作为辩论的基础，这种方法是著名的苏格拉底辩论法。苏格拉底与人辩论时向对方提出一系列问题，这些问题都能为对方接受并赞同。他不断地获得肯定的回答，最后对方在不知不觉中就接受了以前自己坚决否定的结论。

尽量给别人表达的机会。了解别人的想法是站在别人的角度思考问题的前提。我们必须知道对方是怎么想的，才能找到问题出在哪里。因此，我们应该给对方表达的机会，鼓励对方把他要说的话全部表达出来。每个人的观点都应该得到尊重。有时我们以为自己知道对方是怎么想的，但是那只是我们自己的想法，并不是对方的真实想法。

诚实地以他人的立场来看待事物。当有人做了让我们不满意的事情时，我们应该试着去理解他、原谅他，而不是一味地责备他——每个人做事都有他自己的原因，如果我们知道事情的原因，就不会厌恶这个结果了；如果我们能处处替别人着想，学会以别人的角度看待问题，就可以避免很多矛盾冲突；理解别人才会同情别人，同情是停止争辩、消除怨恨、制造好感的良方；当发生冲突时，告诉对方："如果我是你的话，我也会这样做。"为他人着想是减少摩擦，建立和谐关系的重要途径。

第七章

决策心理学

——选择比努力更重要

什么是决策心理学

1944 年 6 月 4 日，盟军集中 45 个师，一万多架飞机，各型舰船几千艘，准备在 6 日登陆诺曼底。就在这个关键时刻，气象台却传来令人困扰的消息：今后 3 天，英吉利海峡气候恶劣，舰船出航十分危险。这让最高统帅艾森豪威尔和手下将领们一筹莫展。但同时气象专家也认为，在 6 日当天，将有 12 小时的晴好天气，这种天气虽不理想，但能满足登岸的基本条件。6 日之后天气将继续恶劣下去，要在 10 天之后才会有数天的晴好天气。是利用近在眼前的短暂晴天，还是等待 10 余天后的大好天气？艾森豪威尔沉思片刻，果断做出最后决定："好，我们行动吧！"后来虽因天气不好，汹涌的海浪吞没了一部分舰船，但诺曼底登陆一举成功，却是不可否认的事实。艾森豪威尔在选择登陆日期时十分果断，那天的天气状况虽然只能满足起码的登陆条件，但却绝对是一个最关键的日子。如果延期登陆，后果将不堪设想——战争结束时间推迟，盟军将会付出更多代价。因为在这个时候，希特勒还没回过神来，他坚定地认为盟军绝不可能在诺曼底登陆。从这个角度看，艾森豪威尔的决策无疑是非常正确的。

决策心理学，就是专门总结决策者的心理因素对决策的作用和影响的一门学科。它是决策学与心理学的交叉学科，研究的对象是决策过程中决策者的心理和行为规律。决策心理学的建立，不仅仅是决策实践的需要，还能建立起决策理论的独立的完整体系，并且促进其向深度和广度发展。这门学科虽然是一门新兴的边缘学科，却已经有了自己独特的研究范畴、研究内容和方法，它所揭示的心理活动规律也是面向决策实践，具有很强的实用性。

决策活动包含决策者、决策对象、决策信息、决策目标和决策环境这五个要素。其中，起主导作用的是决策者，决策者的心理活动渗透在决策活动的全过程。不懂心理的决策者，绝不可能做出准确的决策。总之，离开了人的心理活动，决策也就不复存在。决策心理学就是这样一门研究决策者心理的学科。它具体的研究内容包括决策者个体心理，也就是在个体决策时，决策者的心理素质对决策的影响；决策者群体心理，即集体决策时，群体心理活动对决策的影响；决策组织心理，即组织环境对决策者所构成的心理影响。

在决策心理学家看来，决策的效果取决于决策者的心理素质。决策是否正确，决策是否及时，往往取决于决策者的判断和协调能力。在上述例子中，诺曼底登陆之所以取得最后的成功，关键在于艾森豪威尔的当机立断，他没有选择拖延到十几天之后的一个天气条件极好的日子，而是果断地下令在一个只能满足基本登陆条件的日子里登陆，抢占了最有利的时机，真正达到了出其不意的效果。

从总体上看，决策心理学研究的基本任务有如下几个方面：① 研究决策过程中的心理学问题；可以帮助决策者调适自己的决策动机和价值判断心理，选择出优秀方案并付诸实施，以不断提高决策的质量；也可以培养他们的创造性思维，成为能集思广益、善用奇谋妙策的决策者。② 研究决策者的心理素质与决策风格、决策行为的关系；帮助决策者提高自身的心理素质，保持健康的心理状态，实施正确的角色扮演，在不断的决策中优化自己的决策行为，形成稳定的、处乱不惊的决策风格。③ 研究决策对象的心理与行为规律；帮助决策者学会主动创造条件，吸纳群众意见，调动群众参与决策的积极性，以实现决策的民主化。④ 研究决策集团在决策活动中的心理与行为规律；可以为决策集团内在结构的优化，充分发挥其整体效能，提供途径和方法。

决策心理学就是运用心理学的原理和方法，通过分析决策者的决策活动经验，从中总结出决策者在决策时的心理与行为规律，为以后的科学决策提供理论和实践依据，以提高决策的实效性。

决策力就是选择力

决策无非是为了获得更有价值的东西或达到更完美的结果，但在决策中，确有太多的合适、不合适，实用、不实用的东西或者是机会摆在我们面前，我们必须不断地取舍，选择最合适的为我们所用，直至最终达到目的。所以，我们说决策力就是选择力。

在决策过程中，首先需要选择的是计划和方案。为了实现目标，我们会有多种打算，会设计出多种方案，但受客观条件和自身能力的限制，各种方案就会发生冲突，这时候，我们必须有所取舍，选择那些与外部机会与自身能力相契合的方案。计划也是一样，客观环境随时都在变化，预先的计划往往需要因时、因势地进行调整，及时排出最优的顺序。排序是决策的基本功，要想决策力超强，就必须下功夫掌握排序的技能。不

◇ 决策需要考虑的四大因素 ◇

让选择达成与目标、资源、战略更加匹配其实是很难的，但也是有依据可循的。具体地说，在进行决策选择时，可以考虑以下四个因素。

风险
对决策实施之后的各种不利因素，或各种副作用，要制定相应的对策。

对手
要知道在决策时，竞争对手也在决策。所以知己知彼，才能确保个体或所在的集体立于不败之地。

关系
每一个决策都不是孤立的，它牵扯到方方面面的关系。只有理顺这些关系，决策才能成为现实。

报酬
对于个人而言，要考虑某项决策可为自己带来哪些回报，在企业中，报酬是激励实干者提高决策力的重要途径。

考虑了上面四个因素，决策就有了系统性和预见性，就有了可操作性。

同的选择带来的结果肯定不同。

在圣皮埃尔岛培雷火山爆发的前一天，一艘意大利商船"奥萨利纳"号正在装货准备运往法国。船长马里奥·雷伯夫敏锐地察觉到火山爆发的威胁。于是，他决定停止装货，立刻驶离这里。但是发货人不同意。他们威胁说货物只装载了一半，如果他胆敢离开港口，他们就去控告他。但是，船长的决心却毫不动摇。发货人一再向船长保证培雷火山并没有爆发的危险。船长坚定地回答道："我对于培雷火山一无所知，但是如果维苏威火山像这个火山今天早上的样子，我必定会离开那不勒斯。现在我必须离开这里。我宁可承担货物只装了一半的责任，也不继续冒着风险在这儿装货。"

24小时以后，圣皮埃尔岛的火山爆发了。港口装货的人全都死了。而这时候"奥萨利纳"号却正安全地航行在公海上，向法国前进。

虽然决策是为了实现目标，但有一点要注意，进行决策时却不能一味地追求完美和最优，更不能无原则地妥协，而应在尊重客观现实的基础上，以实事求是的态度进行分析，以寻得让计划、方案与目标、资源、战略更加匹配的满意方案。

为什么两个头脑不如一个头脑

按理说，一群有经验的人在一起应该能发挥超常的智慧。但是，在大多数情况下，多少个臭皮匠也抵不了一个诸葛亮。反而臭皮匠越多，越容易使事情变得一团糟。就像两杯50℃的水加在一起不会变成100℃一样。群体在决策的时候，很容易陷入群体思维之中，当要求他们针对某一个问题发表自己的意见时，要么长时间沉默，要么各持己见、互不让步。最后，通常是群体内那些喜欢发表意见、有权威的成员们的想法容易被接受，尽管大多数人并不赞成他们的提议，但大多数人只是把意见保留在心里而不发表出来。这样的决策过程往往导致错误的决策。

群体决策容易出现"从众效应"和"极化效应"。从众效应就是屈从群体中大多数人的意见，这样往往会导致群体决策时忽略少数人的一些关键的意见，成员们往往会草率地同意一个错误的决策结果，而不会去仔细想他们在这个过程中有什么不足。这些负面因素都是导致群体决策失败的原因。极化效应指的是将个人的意见夸大，从而导致做出一个极端的决策。个人的意见可能是偏向保守的，但是身处一个团体中，往往会忽视自己作决定时的责任感，而将个人的观点夸大，从而导致团体做出比个人思考时更为极端的决策，做出的决策可能极端冒险，也可能极端保守。这种奇怪的现象在现实生活中并不少见。一群富有攻击性的青少年在一起，很容易出现暴力行为。一群偏向激进的企业家坐在一起讨论问题，更容易做出极端激进的决策。这个效应甚至发生在网络上，人们在网上论坛和聊天室里往往发表比平常更为极端的观点和看法。

那么，是什么导致从众效应和极化效应的发生呢？这可能是因为观点、态度相同的人聚在一起，会让个体不自觉地"趋同"，忽略自己独特的观点，因为个体觉得这些观点是不同于他人的、可能不会被接受的；而突出表达和团体大多数人相同的想法，分享与他人一样的想法，尽管这些想法可能是极端的。有研究表明，和个人思考相比，团队思考更加独断，更倾向于将不合理的行为合理化，更可能将自己的行为视为道德所许可的。尤其是当决策的领导者控制欲较强时，很容易迫使团体中意见不合的人从众。通常，不合理的思考都是发生在人们集体决策的时候，而这会导致极端观点的形成。

群体决策虽然能提供更完整的信息和知识，也能开发出更多的可行性方案。但是，群体决策产生的心理效应却让其不能成为一个最好的决策办法。根据研究，最好的决策办法是尽量避免产生各种可能遮蔽思考的错误。一般来说，群体决策的规模以 5 ～ 15 人为宜，不少于 5 人，7 人最能发挥效能。参与决策的成员先集合成一个群体，但在进行任何讨论之前，每个成员需独立地写下他对问题的看法。然后，成员们将自己的想法提交给群体，并一个接一个地向大家说明自己的想法，直到每个人的想法都得到表达并记录下来为止。在所有的想法都记录下来之后，再开始逐一讨论，以便把每个想法搞清楚，并做出评价。每一个成员再独立地把各种想法排出次序，最后的决策就是综合排序最高的想法。这样既能集思广益，也不会出现从众效应和极化效应。

可见，群体决策并不是不好的，关键是如何把握决策的过程，让每个成员能在独立思考的同时，不受他人的影响，独立地献计献策。

加一个鸡蛋还是加两个鸡蛋

在一条马路上有两家卖粥的小店，左边一家，右边一家。两家相隔不远，每天的客流量看起来似乎相差无几，生意都很红火，人进人出。然而晚上结算的时候，左边这个总是比右边那个多出百十来元。天天如此。一天，一个人走进了右边那个粥店，服务小姐微笑着迎进去，盛好一碗粥后，问道："加不加鸡蛋？"那人说加。她给顾客加了一个鸡蛋。每进来一个顾客，服务员都要问一句："加不加鸡蛋？"也有说加的，也有说不加的，大约各占一半。过了几天，这个人又走进左边那

◇ 规避落入沉锚效应的陷阱 ◇

在善加利用沉锚效应的同时，我们还要注意规避落入沉锚效应的陷阱。比如采购计划，那么请你考虑一下，在决定是否采购新设备之前，你会遇到哪些情况？

这台设备用了多久了？

这次贵公司需要订多少单呢？

一般情况下，你会考虑公司的业务现状是否应该采购新设备。

另外你还会考虑客户方对你的产品的实际需求量等。

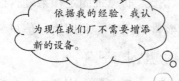

依据我的经验，我认为现在我们厂不需要增添新的设备。

与此同时，你的一位老朋友，凭借他的经验力劝你取消采购计划。

现在有三个信息可参考，你会怎么办？最好的办法就是先别忙着做出决定。

因为上面的信息有可能会成为沉锚，诱使我们寻找那些支持自己意见的证据，躲避同自己意见相矛盾的信息，进而让你掉进沉锚陷阱。

个小店，服务小姐同样微笑着把他迎进去，盛好一碗粥，问："加一个鸡蛋，还是加两个鸡蛋？"顾客笑了，说："加一个。"再进来一个顾客，服务员又问一句："加一个鸡蛋还是加两个鸡蛋？"爱吃鸡蛋的就要求加两个，不爱吃的就要求加一个。也有要求不加的，但是很少。这就是为什么一天下来，左边这个小店要比右边那个多出百十来元的原因。

左边小店就是用"沉锚效应"来增加销售的——在右边的小店中，人们是选择"加还是不加鸡蛋"，而在左边店中，人们选择的是"加一个还是加两个"，第一信息不同，使人做出的决策不同。

作决策时，人的思维往往会被得到的第一信息所左右，第一信息会像沉入海底的锚一样，把人的思维固定在某处，这就是沉锚效应。生活中，沉锚效应常被用于"利用第一信息为对方设限，进而让对方按照自己的想法走下去"。

沉锚效应的形成，有其深刻的心理机制：当关于同一事物的信息进入人的大脑时，第一信息或第一表象给大脑刺激最强，也最深刻。而人脑的思维活动多数情况下正是依据这些鲜明深刻的信息或表象进行的。第一信息一旦被人接受，第一印象一旦形成，便会因人在认知上的惰性而产生优先效应，尽管这一信息或表象远未反映出一个人或一个事物的全部。

一位领导向四个组的人介绍同一位新员工，他对第一组的人说：新员工工作很积极；对第二组的人说：新员工工作不积极，你们要注意；对第三组的人说：新员工总的来说工作积极，但有时不积极；对第四组的人说：新员工工作不太积极，但有时也积极。1 个月后，抽问四组员工，他们给出的答案几乎与当初介绍的一模一样。

他们为什么不吃肉粥呢

人在模棱两可、犹豫不决的情况下做出的决定往往会受到身边因素的影响。这种现象被心理学家称为"拥有效应"，它反映的是人在遇到问题时，难以进行独立思考的现象。

心理学家做过这样一个实验，实验对象面前有一个巨大的轮盘，转动着 1 ~ 100 的数字。主持人让实验对象回答问题，答案也是 1 ~ 100 的数字。例如，问题是"非洲有多少个国家加入联合国"，他们首先要回答答案是高于还是低于轮盘所停在位置的数字，然后再说出最终的答案。实验表明，答案受到了轮盘所停位置的数字的影响。当轮盘停在 10 处，测试者回答的数字的平均值为 25；当轮盘停在 65 处，平均值就会变成45。 还有一个实验，实验对象被要求对坐在旁边的一个素不相识的人进行电击。为了确保实验的安全，电击当然是假的（施行电击者并不知道这一点），但受电击的人被要求做出十分痛苦的假动作和表情，并强烈要求停止这个实验。这时，主持实

◇ 生活中的"拥有效应" ◇

我们每个人说话做事的时候都会受到拥有效应的影响。比如：

所以说，要做出客观的反应和评价，就要使自己不受拥有效应的影响。

验的人以专家的口吻表示电击不会对人体造成根本性伤害，仍然可以继续电击。令人震惊的是，很多人都会按专家的要求继续进行这个实验。因为经验告诉他们专家是权威、可靠的，即使受电击的人再怎么痛苦也无法改变他们这种思想。

拥有效应往往会影响我们对新事物做出客观的认识和评价，也会影响我们接下来的决策和行为，因此，要留意它对我们的头脑造成的不良影响，进行正确的思维。

西晋的第二代皇帝晋惠帝是个昏庸皇帝。有一年，天下闹饥荒，很多百姓被饿死了。有大臣把这事报告给晋惠帝。皇帝听后，问大臣："老百姓怎么会被饿死呢？"大臣说："他们没有米饭吃。"晋惠帝大惑不解，说："没有米饭吃，那他们为什不吃肉粥呢？"

无独有偶，法国路易十六的王后玛丽也讲过类似的混账话。这位王后原是一位奥地利帝国公主，从小生活奢华无度。出于政治需要，1770年，她嫁到法国。进入法国宫廷后，玛丽热衷于舞会、游玩、时装和宴会，喜欢漂亮的花园，花费惊人，世人称之为"赤字夫人"。据说，由于宫廷耗费钱财过多，法国上下陷入贫困。有一次，一个大臣告知玛丽，法国老百姓穷得连面包都吃不上了。玛丽不解地说道："那他们干嘛不吃蛋糕呢？"晋惠帝和玛丽王后说出那样的混账话，就是受到了拥有效应的影响。

李鸿章"误国"从何而来

晚清权臣李鸿章早年也是条血性汉子，他敢爱敢恨，敢作敢为：恩师曾国藩对他的朋友李元度不公，他毅然脱离曾府；戈登将军不服管制他怒而除其军权。李鸿章之所以后来越活越不如从前，主要是因为他在与洋人打交道的时候，处处以"诚"为先，但洋人却不对他讲诚信。李鸿章在主持晚清外交的20多年中，凡事以妥协为宗旨。在处理"马嘉理事件"中，明知英国理亏，却为了"了事"而签订了《烟台条约》；在处理中法冲突时，他又不顾中国军队在越南大败法军的事实，签订了《中法新约》。这是他在认知上走入了思维定式的结果。

认知，是指个体在获得和处理信息时的内部心理活动，包括信息的编码、存储和提取等方面。认知的个体差异是客观存在的。在进行决策时，个体的认知差异会成为决策的影响因素。认知的个体差异主要表现在认知方式的不同，对于不同的情境，个体间不仅持有不同的观点，而且其认知的结果也是不一样的，因而产生认知偏差。影响决策的认知因素主要包括选择性知觉、重构性记忆和简捷化直觉这三个方面。

人的知觉在很大程度上是受自身预期的影响，而这些预期又建立在已知经验的基础上，也就是依赖过去的知识和经验。所以说，知觉具有选择性，能根据自身所需，选择知觉的对象。

同一个人会对某些事物或现象，感受深刻清晰，而对另一些事物或现象，则感受模糊不清，甚至浑然不觉，这种带有明显倾向性的知觉，就称为选择性知觉。明察秋毫，是由于我们对某些事物观察细致入微，着重进行了知觉；熟视无睹，是由于我们对一些现象已经习以为常，知觉的时候选择了忽略。个人的决策行为从选择性知觉开始，知觉的过程受自身经验、情感和立场的影响。在考虑选择性知觉对决策的影响时，需要特别关注影响决策的选择性知觉的具体因素；这些认知因素可能导致的认知偏差；这些认知偏差会对决策产生哪些不利影响。

记忆在人的整个心理活动中处于突出地位。通过知觉，人能获得外部信息，通过记忆，能将信息存储下来。而人最初存储的记忆会受个人认知能力、情感和信息特征等的影响，出现记忆偏差。最终被人唤起的信息，是经过不断重构的记忆。重构性是记忆的本质，任何人的记忆都会出现偏差，即使是优秀的决策者。它并不是我们对过去事件的完整拷贝，而是在需要提取的时候才建构起来的。在重新建构的时候，一切无关的情境、认知因素就会掺杂进来，与原始记忆相混合，从而导致记忆偏差。记忆偏差能影响决策者的决策过程。可能李鸿章就是对洋人出现了记忆偏差，忘记了以前与他们打交道时，他们所表现出来的不诚信的一面，犯了决策失误。

人的记忆存在三种偏差形式：保留偏差、感受偏差和唤起偏差。保留偏差是指人在保留信息的过程中，重新组织了与事件相关的原始资料，最终保留下来的东西就很难真正反映事件的原貌。感受偏差是指人们感受信息，总是以自身知识与经验体系为基础。比如在购买商品时，选择那些在电视广告中反复出现的商品。而唤起偏差是指将已经发生的事情视为不可避免的事情，却忽略了自己的判断实际上受到了已知结果的影响。这些记忆偏差都会对知觉产生影响，进而产生知觉上的偏差。

直觉，是事先并没有经过逻辑推理，在突然间产生的一种领悟或判断。个体在运用知觉和记忆的信息进行判断的过程中，有时会受到信息过度或不足的影响。此时，人们可以采用简捷化直觉的方式来提取有价值的信息，然后再做出判断。在决策者的决策中，或多或少会出现简捷化直觉。但是它在生产管理、财务管理等需要数字表示的活动中不宜使用。

选择性知觉、重构性记忆和简捷化直觉这三种认知因素都能影响决策，在决策的时候要不断地进行自我检查，防止犯认知偏差的错误。

第八章

营销心理学
——为什么价格越贵越好卖

~~~~~~~~~~

为什么酒吧喝水要钱，却又提供免费花生

去过酒吧的人应该都会发现这样一种奇怪的现象：喝水是要花钱的，但是吃花生却是免费的。你可能对这样的事情并没有在意，但是，仔细想想又会觉得不可思议。

让我们先来看看几种容易接受的情形：酒吧对所有产品都收费。这大概是最符合商家的立场，也是最容易被我们接受的方式吧。如果你是酒吧经营者也许也会为了增加盈利而采用它，因为这样一来，无论进酒吧的人消费了什么东西，都能赚到钱。或者，你会考虑另外一种情形，你觉得免费提供点什么东西能吸引更多的顾客，比如成本低的清水，这样一来，酒吧既不会因为清水的免费提供而亏损太多，又达到了吸引顾客的目的。

但是，事实与这些情形完全不同，现在大多数酒吧免费提供成本较高的花生，而高价提供成本较低的清水。看上去不可理解吧，但其中却蕴藏着很多秘密。

人都有一种占便宜的心理，在消费的过程中这种心理体现得更为明显，并常常在不经意间影响着人的行为。比如，在上面的例子中，当酒吧有免费提供的花生时，这种贪便宜的心理会让消费者产生一种"不吃白不吃"的念头，而且觉得自己如果不吃就会有损失，所以，除非你本身很不喜欢吃花生，否则都会毫不犹豫地选择它。即使刚进入酒吧，碍于面子不去贪这个便宜，但过不了多久，环视四周，发现很多人在吃免费花生，也会受到他们的影响，出现从众行为。从众是一种十分常见的心理现象，是指个人受到外界人群行为的影响，而在自己的知觉、判断、认识上表现出符合公众舆论或多数人的行为方式。受从众心理的影响，当看见其他人在吃免费的花生时，自己也会趋同于大流而选择花生。接着当满足了自己贪便宜的心理，吃完花生后，就会感到口渴。这时，自然会有买清水或者酒类产品来满足自己解渴的需要。是喝水呢还是喝酒呢？在这两种都能满足需要的产品之间该如何选择？从平时的消费经验中我们可以知道，当只有一件商品时，我们能很快地做出决定，而当有多种商品供我们选择时，往往很难做出决定。这是因为在购买前我们会在心里对这些商品进行比较，看哪个更划算。对

◇ 商家的销售策略 ◇

不仅在酒吧中会出现这种现象，仔细回想一下我们平时的消费经历，会发现在其他产品的销售中这些现象也十分常见。

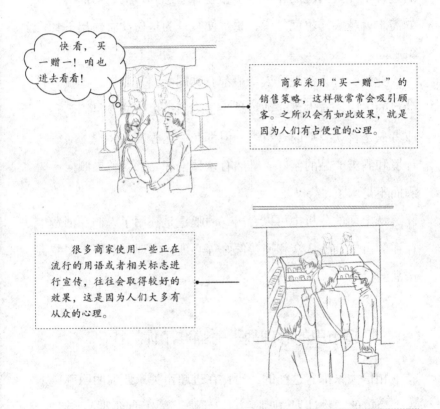

快看，买一赠一！咱也进去看看！

商家采用"买一赠一"的销售策略，这样做常常会吸引顾客。之所以会有如此效果，就是因为人们有占便宜的心理。

很多商家使用一些正在流行的用语或者相关标志进行宣传，往往会取得较好的效果，这是因为人们大多有从众的心理。

也许人们在消费中并没有注意到这些心理因素的存在，但是它们确确实实对消费行为产生了极大的影响，只有了解了这些心理现象的本质，才能避免受其支配进行不合理的消费。

于清水和酒来说，相信大多数人会觉得高价的酒比高价的水划算。最终，人们就会购买各种各样的酒类产品来解渴。

原来，免费的花生只是酒吧的诱饵啊！不仅如此，在消费的过程中，人们吃的花生越多，越容易感到口渴，对酒类产品的需求就越大。也就是说，越贪便宜，为这份便宜付出的代价就越高。

此外，进入酒吧的人一般都有共同的消费偏好，即使各自的目的不同，有人可能纯粹是为了喝酒，也可能是借酒消愁，或者只是喜欢酒吧的气氛等，但都在一定程度上体现了对酒吧环境和酒类产品的偏好。既然有这种偏好，顾客就更倾向于买酒而不是水了。

从上面的分析中可以看出，酒吧正是利用了人们在消费中存在的占便宜、从众和消费偏好等心理，实现了销售更多酒类产品的目的。

超市里的心理战——瞄准了你的钱包

相信大家都有这样的经历：在进超市买东西前明明制订了一个简单的购物计划，把那些自己需要买的东西都列入了清单，但购完物后却发现自己买了很多不在清单上的东西。而且，即使一再提醒自己下次注意，却依旧抵制不住诱惑。是什么原因让购买欲大增？难道自己真的是购物狂？别惊慌，这只是我们被超市的心理战略所俘虏了。

随着市场的繁荣发展，我们都能明显感受到超市数量和规模的迅猛增加，超市之间的竞争也越来越激烈，为了赢得市场，商家们都使尽浑身解数吸引顾客。这种竞争使我们经常能看到超市的各种优惠活动：打折、降价、抽奖、限购、搭售……而通常我们都抵制不了这些优惠的诱惑，发生购买行为。下面的例子中提到的事情你也许会经常碰到：

两件商品除了在价格标示上不同，其他方面都是一样的。其中一件商品的标语是"本商品现价50元，欢迎购买"；另一件的标语是"本商品原价100元，现价50元，欢迎购买"。这时，你会选择购买哪一件？

超市里常常会有一些限量购买的活动，比如在对鸡蛋促销时会挂出这样的标语"每人限购10枚，欲购从速"。这时，你会买几枚？

某些品牌在促销时，会推出"购买该品牌的商品达到多少金额即能免费获赠一份礼品"的酬宾活动。这时，你是会对这些信息置之不理而只购买自己需要的产品，还是努力使自己的购买达到能拿赠品的金额？

当你面对以上情景时，你会如何选择呢？大家的答案应该会基本一致吧！对于第一个例子，大部分人会毫不犹豫地选择

◇ 超市里常见的消费陷阱 ◇

生活用品摆放在消费者容易忽视的地方

生活用品必不可少，可是在寻找的同时就会额外买很多吸引我们的商品。

畅销商品摆放在离入口最远的地方

在取商品的过程中会被周围的商品吸引，增加附加消费。

用途上相关的商品摆放在一起

这样我们在购买商品时，自然会问问自己是不是需要购买另外一种。

在收银台前摆放零食

收银台前的商品都不贵，而且看上去特别诱人，所以很容易使人们在等待的间隙随手拿起。

购买既有现价又给出了原价的商品；对于第二个例子，大多数人会买 10 枚；对于第三个例子，人们则会将所有该品牌的产品看一遍，尽量找出合适的产品直至能够获得赠品。

我们知道每个消费者对产品的需求是不同的，所以在购买活动中会出现差异，但是在上述的例子中会出现趋同的选择正是超市准确把握了消费者"占便宜"的心理，巧妙地运用了销售策略造成的。

有人举过这么一个例子，"便宜"与"占便宜"是不一样的，价值 50 元的东西，50 元买回来，那叫便宜；价值 100 元的东西，50 元买回来，那叫占便宜。而在这里，顾客们的选择就体现了"占便宜"心理。销售策略的使用让消费者觉得买了东西会特别划算，而事实上这种"物美价廉"并不是真实存在的，只是人们自己的感觉罢了。例子中努力得到赠品的行为也是占便宜心理的一种体现。

此外，在购买活动中，人们会不自觉地受到外界暗示的影响，比如在第二个例子中，通常情况下，虽然人们实际需要鸡蛋的数量比限定的少，但购买的数量一般就是所限定的数量，这就是超市充分利用了这种限制条件给顾客造成了一种心理暗示："限购的数量就是我需要的数量。"而且，在对数量进行限定后，更能激起人们占便宜的欲望。人们会认为之所以会有限制，一定是因为这种商品销量非常好，如果不限量就会出现供不应求。或者，商家为了获得最大的利益不愿意卖出去太多。这样一来，消费者就会觉得如果自己不买或者买的数量在限定条件之下，就会不划算，也显得自己太不精明了。

不管是通过价格标示还是限定购买数量，超市都准确地把握和利用了消费者"占便宜"的心理，从而在不知不觉中影响着消费者的购买行为。如果你也有"明明不是购物狂，却无法抵制诱惑"的经历，就说明超市成功利用心理因素赢得了这场战争。当然这些例子只是众多销售策略中的很少一部分，只要你是个有心人，一定能在实际购买中发现更多、更精心、更巧妙的策略。

为什么牛奶装方盒子里卖，可乐装圆瓶子里卖

如果稍加留意的话，就可以发现市面上几乎所有的可乐包装，无论是塑料瓶还是易拉罐，都是圆柱形的。而牛奶包装都是袋装或方形纸盒。为什么可乐生产商和牛奶生产商会选择不同的产品包装形式呢？原因有以下几个方面。其一，因为可乐大多是直接就着瓶子喝的，瓶子设计成圆柱形，比方形更趁手。而牛奶却不是这样，人们大多不会直接就着盒子喝牛奶。其二，方形容器比圆柱形容器能节约存储空间和存储成本。如果牛奶容器是圆柱形，我们就需要更大的冰箱来存储。超市里大多数

可乐是放在开放式货架上的，这种架子便宜，平时也不存在运营成本。但牛奶却需要专门装在冰柜里，冰柜很贵，运营成本也高。所以，选择用方形容器装牛奶。其三，圆形的瓶子比较耐压。可乐中有大量二氧化碳气体，放入圆形瓶中能使瓶子均匀受力，不致过于变形。如果放入方瓶子里，就会严重变形。从这方面来看，牛奶放在什么形状的瓶子或盒子中都无所谓。

即使是圆形的铝制易拉罐，其生产成本本来可以更低，可为什么人们不那么做？这里涉及视错觉的问题。在全世界的大部分地区，可乐都是用铝制易拉罐装的，这种易拉罐的容积大约为 12 盎司，都是圆柱形的，高度（12 厘米）约等于宽度（直径 6.5 厘米）的两倍。在容积不变的情况下，如果把这种易拉罐造得矮一点，直径宽一点，能少用许多铝材。比如说，高改为 7.8 厘米、直径改为 7.6 厘米时，容积不变，却能少用近30% 的铝材。可乐商家不可能不知道这个节省的方法，为什么还一直沿用标准的易拉罐规格呢？可能的解释之一是受心理学上的横竖错觉误导，消费者会认为可乐的容量变小了。所谓横竖错觉，指的是两条垂直的、同样长的线段，人们会倾向于认为横线比竖线短。由于存在这种错觉，消费者认为矮胖易拉罐装的可乐变少了，可能就不愿意购买。

还有一种解释是，购买可乐的顾客更喜欢细长形状的易拉罐，或者是已经习惯了可乐罐子长成那样。即便他们知道矮胖易拉罐的容量与细长易拉罐的相同，还是宁愿多出点钱买细长的、已经习惯其包装的可乐，道理跟他们愿意多出钱住景色好点的或者已经习惯的酒店房间一样。

看来，产品的包装设计也是一门学问。商家需要深思熟虑，考虑不同的设计会对用户行为有着什么样的影响以及对自己成本的控制有怎样的影响。

为什么价格越贵越好卖

一瓶矿泉水卖几十块钱，一盒香烟卖几百块钱，一件衣服卖几千块钱，一部手机卖几万块钱，一部车卖几百万甚至几千万元……看似价格高得离谱的商品却有着很大的销售市场，"价格越贵越好卖"已经成为很多产品销售时的一个不争事实。

不知从何时起人们开始认为产品的价格越高品质越好，而且这个观点渐渐成为一种思维定式。所以，越来越多的销售者在推销时会用"一分钱一分货"来打动顾客买高价的东西，而顾客自己在做出选择时同样会考虑这一点。由于人们在购买时无法详尽地了解产品的信息，就会在无形中依靠价格来判断产品的质量、品质等，认为那些价格高的产品一定是有档次的、质量好的。目前，大多数的高价产品是有一定知名度的品牌产品，人们在购买时会觉得既然是大品牌，肯定在同行业中做得

◇ 价格越贵越好卖——人的虚荣心在作怪 ◇

人人都有虚荣心，这种心理会影响人们对价格的关注，使人们觉得买昂贵的东西能提高自己的身份地位。

哎呀，你这包是限量版的啊！

虽然现在的生活节奏十分快，人们在一起交流的时间少了，但还是少不了会相互攀比穿着、使用的生活用品等。

尤其是和"姐妹淘"们聚在一起，聊聊这样的话题是再寻常不过的了。

她的衣服是某某牌的，在国内都买不到！

她的包也要好几万呢，真是让人羡慕！

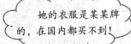

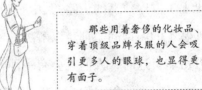

那些用着奢侈的化妆品、穿着顶级品牌衣服的人会吸引更多人的眼球，也显得更有面子。

这时，价格就是虚荣的象征了。因此，人们总是喜欢价格高的商品，认为买得贵就是买得好。

比较好，所以即使价格高也是合情合理、物有所值的。如果我们以这种心理来看待"高价易卖"，那么此时的价格就相当于是产品的质量了。

从那些高价产品的宣传中可以发现，越是贵的东西其代言人的知名度越高，人们在购物时就免不了会受"名人效应"的影响。生活中这种现象十分常见，我们从媒体中经常能看见、听到有关娱乐界明星穿着的八卦新闻，总是对他们穿着什么牌子的衣服、提着多少钱的包包、开着什么品牌的豪车等津津乐道。对于这些明星来说，他们集万宠于一身，有着众多的追随者。虽然对名人的崇拜是一种正常的现象，但越来越多的人将这种崇拜泛化到生活的方方面面，其中就包括用名人所用的东西。所以，只要是自己喜欢的明星所用的东西，再贵也要去买。那些知名度高的明星拥有的粉丝也相对较多，自然就出现价格越贵越好卖的情况了。

近年来，随着市场的开放，很多人抓住了自主创业的机会，走上了发家致富的道路。其中一些人在几十年前还是一贫如洗，连基本的温饱问题都难以解决，现在却成了百万、千万甚至亿万富翁。这时，人们就会有一种"补偿心理"，认为过去自己因为贫穷受了很多的苦，现在总算生活条件好了，有能力了，自然就要好好地对待自己，所以在购物时会选择价格更贵的东西。这种趋势在对待自己下一代时更加明显，他们总是觉得自己曾经所受的苦绝不能让孩子再受，于是在为孩子买东西时毫不手软。而且，即使自身的条件并不是特别好，很多家长也会为孩子选择更贵的东西，生怕自己的孩子与别人的相比会有差距，宁愿自己受苦，也不能让孩子受苦。

价格其实就是贴在产品上的一个数字罢了，却由于受到种种因素的影响变身成一种品质或身份的象征。正是由于人们赋予价格这样的意义和象征，才出现了越是高价的产品越好卖的现象。

价格尾数的促销作用

刘女士与好友逛街时，看到自己喜欢的专柜在举办促销活动，满 500 元送 100 元，于是便决定与好友一起凑数买衣服。两人各自挑了自己喜欢的衣服，由于该专柜的服装价格尾数都是 9 或 8，最后加起来算了一下还差 32 元钱。而该专柜里的物品最便宜的也是 30 元以上的，刘女士只好狠狠心买了一双 38 元的袜子。"虽然我们俩都买到了自己喜欢的衣服，算起来比正价购买要便宜。但平时如果看到一双袜子卖 20 元我都觉得贵，如果不是为了凑数，我是不会买那么贵的袜子的。"虽然买到了自己喜欢的衣服，但刘小姐还是觉得有点心疼。

心理学研究表明，价格尾数的微小差别，能够明显影响消费者的购买行为。一般认为，5元以下的商品，末位数为9最受欢迎；百元以上的商品，末位数98、99最畅销。这就是尾数定价法的运用。在确定商品的零售价格时，以零头数结尾，会给消费者一种经过精确计算、价格便宜的心理感觉。同时，顾客在等候找零期间，也可能会发现或选购其他商品。尾数定价法属于一种心理定价策略，目前这种定价策略已被商家广泛应用。那么，尾数定价法相比其他定价法有什么优势呢？

　　首先是便宜。标价98元的商品和100元的商品，虽然仅差2元，但人们会习惯地认为前者是几十元钱的开支，比较便宜，使人更易于接受。而后者是上百元的开支，贵了很多。其次是精确。带有尾数的价格会使消费者认为商家定价是非常认真、精确的，连零头都算得清清楚楚，进而会对商家或企业的产品产生一种信任感。最后就是中意。在不同的国家、地区或不同的消费群体中，由于社会风俗、文化传统、民族习惯和价值观念的影响，某些数字常常会被赋予一些独特的含义，企业在定价时如果能加以巧用，其产品就有可能因此而得到消费者的偏爱。例如中国人一般喜欢6和8，认为6代表六六大顺，吉祥如意，8代表发财，讨厌4，因为4与"死"谐音；美国人则讨厌5和13，认为这些数字不吉利。因此，企业在定价时应有意识地避开，以免引起消费者对企业产品的反感。

　　尾数定价法虽然有一定的优势，但并不是所有场合都适用。超市、便利商店的市场定位决定其适用尾数定价法。超市的目标顾客多为工薪阶层，其经营的商品以日用品为主。目标定位是低档和便宜。人们进超市买东西图的也是价格的低廉和品种的齐全，而且人们多数是周末去一次把一周所需的日用品购置齐全，这样就给商家在定价方面一定的灵活性，其中尾数定价法是应用较广泛而且效果比较好的一种定价法。尾数定价意味着给消费者更多的优惠，在心理上满足了顾客的需要。而超市中的商品价格都不高，基本都是千元以下，以几十元的价位居多，因此顾客很容易产生冲动性购买，这样就可以扩大销售额。大型百货商场则不适合尾数定价法。大型百货商场走的是高端路线，与超市、便利店相比，大型百货商场高投入、高成本的特点决定了其不具有任何价格优势。因此，大型百货商场走廉价路线是没有出路的，它应该以城市中的中产阶级为目标人群，力争在经营范围、购物环境和特色服务等方面展现自己的个性，以此来巩固自己的市场位置。据相关资料介绍，目前我国消费者中，有较强经济实力的占 16% 左右，而且这个比例有扩大的趋势。这些消费者虽然相对比例不大，但其所拥有的财富比例却占了绝大多数。这部分人群消费追求品位，不在乎价格，倘若买 5000 元的西装他们会很有成就感，如果商场偏要采用尾数定价策略，找给他们几枚硬币，这几个零钱他们没地方放，也用不着。

加之这些人业务忙，找零钱浪费他们的时间（当然排除直接刷卡的付款方式），让顾客会有不耐烦的感觉。

引起消费者的好奇

不知道你有没有听说过这样的一个故事：有一家酒吧，酒吧门口放着一只大酒桶，桶壁上贴着四个非常醒目的大字，"不准偷看"！可是，来来往往的人并没有像提示的那样，退而避之不去看；相反，好奇心使他们都跑了过去，想看看酒桶里面究竟是什么好东西。结果，一股清香的酒味扑面而来，透过酒还能依稀看见酒桶底部"本店美酒与众不同，请享用"的字样。接着，这些好奇的人又抵制不住酒的醇香的诱惑，走进店里亲自喝喝，看到底是什么样的美酒能有如此的香味。

这个故事说的就是卖酒的商家利用人们的好奇心将过路的人吸引到店中消费——最开始是用"不准偷看"这种禁止的话激起人们的好奇，当人们靠近酒桶时又用酒香吸引住顾客。人们在从看见标语到进店喝酒的整个过程中都受到了好奇心的驱使，可见，好奇心对我们的行为有多大的影响。

好奇心，人皆有之，从心理学的角度来讲，是人对自己不了解的事物感到新奇而有兴趣进行探究的一种心理倾向。好奇心激发我们去了解更多的事情，去认识这个世界，让我们的生活永远充满新鲜感和乐趣。不仅如此，好奇心还能对购物活动产生影响，使人们不是为了买东西而去买东西，而是为了满足好奇心而去买东西。

消费者在购买活动中有很丰富的心理，广告创作中的一个非常有名的 AIDMA 原则就揭示了消费者购买的全过程。1898 年 E.S. 刘易斯最先提出 AIDMA 原则，其含义为 A（Attention）引起注意；I（Interest）产生兴趣；D（Desire）培养欲望；M（Memory）形成记忆；A（Action）促成行动。从这一过程中可以看出，注意、兴趣是购买活动的开始，而好奇心对吸引注意、激起兴趣又可谓一剂良药。

通常来说，人们对问题比较好奇，因为问题较容易使人们产生继续关注，直至找到答案的心理。像很多人都喜欢玩猜谜的游戏，就是因为已知的谜面激起了人们对未知的谜底的探究。所以，设置疑问是常见的营销策略。

此外，很多商家还通过提供不完整的信息引起人们的注意和兴趣。"犹抱琵琶半遮面"总是能带给人们无尽的遐想和隐约的美感，往往比"暴露在外""全盘托出"等更能引起我们的注意。营销中商家将很有价值的信息只提供一部分，自然而然地激起人们对剩下信息的兴趣。比如展示新产品时，在介绍中提到该类产品有很多用途，其中一些是其他同类产品所不具备的。接着商家对产品的用途进行演示，但销售人员并不是全数展现在顾客面前,而是将最精彩的地方留给顾客自己去体验。

可能有的产品在用途上并不具有什么新奇的特点,也就无法对人们产生吸引力了,但如果用新奇的方式进行包装或宣传,同样能激起人们的好奇,去关注产品。我们常常能看见穿着可爱或奇异的"人"在街上为某种产品派发广告宣传单,他们依照产品的特征扮成动物或其他相关的造型,这些造型更容易激起人们的好奇心,使人们产生多了解一下产品的想法。

好奇心是一种天性,每个人都不能摆脱好奇对消费行为的影响。在消费中,除了产品本身外,产品的包装、宣传等都有可能触发消费者的好奇心理。

如何成为顶尖销售员

一直以来,销售被人们认为是二流的职业,销售人员自己都觉得在向别人介绍时难以启齿,不过,随着销售在现代生活中的地位越来越重要,渠道越来越多,人们对他们的关注程度与日俱增,他们取得的成绩也让人刮目相看,并且社会对他们的偏见也正在减少。我们不得不承认,如果没有了销售活动,整个社会将无法正常运转。销售人员的增多也加剧了内部的竞争力,出现了"最顶尖的20%挣走了80%的钱,剩下的80%只挣到了20%的钱"这种现象。在销售人员的内在博弈中,要想立于不败之地，成为那 20% 中的一员不仅需要技巧，也需要智慧。

销售不是依靠艰苦的努力就能取得成就的，它是一门艺术，需要用心去经营。在销售过程中的自我意识、心理状态等不仅会直接影响销售者自身，还能间接影响到消费者的购买。

"我很棒"的积极心理暗示能带来不可小觑的效果。自我意识影响着人们的自尊、自信水平，影响着人们的自我认识、自我调节和自我控制。积极的心理暗示对形成良好的自我意识有重要作用。德国和美国科学家联合进行的一项研究证明，护身符确实能给人带来好运。原因当然并非护身符本身会释放出魔力，而是护身符能给人一种积极的心理暗示，让人们在做事时能够取得更好的效果。在另外一个类似的实验中，数十人被叫来进行一场高尔夫比赛，其中一半人被告知使用的是在多场比赛中给选手带来好运的幸运球，而另一半人则被告知使用的只是普通球。比赛结束后，科学家发现使用"幸运球"的选手的击球入洞率要比使用普通球的选手高出近 40%，可见积极的心理暗示对任务的完成有重要作用。销售中也是如此，如果在销售的过程中销售人员能一直坚信自己是很棒的，在与顾客交流中就能表现得更加自如和自信，获得顾客的认可。一个不认可自己的人就会像自己所想的那样表现得比较差劲，自然也就得不到别人的认可了。人们在买东西时总是会倾向于相信那些表现得落落大方、说话井井有条的销售者，而只有销售者表现得自信、大方，才能赢得顾客的信赖。

"试得越多，越接近成功"，销售的过程就是沟通和碰壁的过程。虽然越来越多的人有感性消费的倾向，对产品常常会"一见钟情"，在购买时也不会考虑太多的细节，但毕竟这样的情况较少。既然人们在一次接触产品后无法决定是否购买，对于销售者来说就会出现失败和被拒绝。由于多方面的原因，绝大部分的销售、拜访会以被拒绝告终。但其实人们并不是没有购买的意向，只是决心不够，所以那些在遭拒绝后能一如既往地对自己和产品充满信心的销售者往往能得到人们的光顾，可能十次接触才会促成顾客的购买，但没有前面九次也就不会有最后成功的那一次。

销售人员之间的博弈有技巧上的比拼，但重在心理，那些心理素质好、不畏拒绝、对自己永远充满信心的销售者能让人们感受到他的热情与执着，从而形成对产品的偏好，最终在与销售者的多次接触后完成购买。

奥里森·斯威特·马登说过："只有我们面向自己的目标时，只有我们满怀信心地认为自己可以胜出时，我们才能在自己的征程上取得进步。"

◇ 销售人员的外形很重要 ◇

　　销售人员在与顾客接触时能给顾客留下一个美好的印象十分关键，因为很多消费者会非常注意销售人员的外形。

这款非常适合老年人，您买给爸妈一定合适。

那就买这个吧。

这个销售员的皮肤就这么差，我们还是不要买了。

　　当我们购买化妆品时，总是会多去关注那些皮肤较好的销售人员。

　　在购买保健药时，总是对那些穿着白大褂的销售人员多一份信赖。

　　一个穿着干净整齐、落落大方的销售人员当然比穿着邋遢的销售人员更能获得顾客的青睐。这也是为什么一些公司在招销售人员时会对身高、体形等特别重视。

为什么有的广告宣传效果不佳

如果你仔细阅读过前面的内容，对那些五花八门的销售策略有了解，就不难发现对于商家来说，东西卖得好不好不再是由产品本身单独决定的了。过去那种"酒香不怕巷子深"的观念已经受到了挑战，即使酒很香，若没有好的宣传也很难有好的销路。所以，越来越多的商家开始重视广告宣传的作用。为了取得好的效果，他们不惜花重金请专业的广告公司来宣传。虽然有很多商家的确利用广告宣传达到了促进销售的目的，但并不是所有的广告都是提高销售业绩的灵丹妙药，有的还起到了相反的作用。

相信很多人对几年前肯德基具有争议性的一则广告记忆犹新，这个广告的本意是突出肯德基鼓励年轻人以积极的态度面对生活，无论遇到多大的失败都不气馁的主题。并且在广告中还突出了肯德基在维系三个年轻人友谊上的积极作用。但由于运用了"意外结局"的手法，出现了"认真备考但没有吃肯德基的学生落榜了，而复习不那么认真但吃着肯德基的学生却考上了"的结局。这种广告宣传让很多人产生了"认真学习还不如吃肯德基有用"的感觉，不仅没有起到预期的效果，反而引起了一部分人的抵制。广告的结局与人们观念中"认真的学生会取得好的成绩，而不认真的学生则不会取得好成绩"的看法相悖，自然会受到人们的抵制。

广告宣传的效果与人们对所传达信息的理解有重要的关系。当信息对人们有误导或出现歧义时，宣传的效果就很难体现出来了。

好的广告宣传不仅要求传达的信息与人们的观念一致，而且这些信息的真实性也是值得关注的。不可否认，人们在购物时会不可避免地受到广告宣传的影响。如果产品广告制作得特别唯美、舒服，让人看上一眼就能产生好感，当在多种产品之间进行选择时当然就倾向于选择广告打得好的产品了。但人们关注的并不仅仅是广告的外观，在人们被外观吸引后会继续看广告中产品的具体信息。如果这些信息十分空洞或枯燥，就会与华美的外表形成鲜明的对比，不仅不能继续维持外观在人们心目中的美好地位，反而会给人们带来一种华而不实、喧宾夺主的感觉，接着人们就可能对产品产生怀疑了，由此而知，如果人们在看到广告后都是这种感觉，那么广告宣传的效果就一定不会理想。

所以，为了取得好的宣传效果，商家在制作广告时要充分考虑到消费者的心理，既要让他们感觉到和自己的观念一致，也要努力获得他们的信任。好的广告一定是那些既有精美的广告设计、图文制作、材料印刷等方面的专业优势，又与产品本身的特性紧密联系的作品。

赠品——抵抗不住的诱惑

利益诱惑就是指用利益去达到诱惑对方的目的，在营销中这种策略非常常见，给顾客一点小小的利益，诱惑他们去购买，而且通常情况下这些用来当"诱饵"的东西与产品本身的价值相比是微不足道的。

超市中经常会有"买一赠一"的活动，所提供的赠品可能是相关的产品，也可能是其他产品，还可能仅仅是同一产品数量上的增加。但无论是哪一种形式的赠品，无论赠品本身值多少钱，都是利用了利益诱惑以达到成功销售的目的。

在买牙膏时会发现总有一些牌子的牙膏和牙刷包装在一起，而且只有一个价格标签，你也许最初还觉得奇怪，所贴出来的价格到底是牙膏的还是牙刷的呢，再仔细看看标签才明白原来是商家的推销活动——买一盒牙膏，免费赠送一支牙刷。周围虽然还有很多其他牌子的牙膏，但都没有赠品，这时你就会想，都是牙膏，而且看上去都还不错，既然有赠品，如果我买了就能有一份额外的收获，如果不买就失去了这种优惠了。最终你还是选择了有赠品的那种牙膏，商家提供的利益成功诱惑了你的购买。这种形式的利益诱惑还有很多，比如买方便面赠送饭盒、买衣服赠送腰带、买鞋子赠送鞋垫、买手机赠送话费、买化妆品赠送化妆棉等，都是用与所卖的产品相关的东西作诱饵吸引顾客。

相关产品的诱惑不仅能让顾客产生"额外收获"的欣喜，还能通过用途上的联系让顾客很容易对这种搭配产生兴趣，比如买牙膏赠送牙刷，顾客就会想，也是，反正牙刷也该换了，既然有免费提供的就选择它吧，省得以后还得花钱去买。不过并不是所有的赠品都是与产品本身相关的，为了鼓动人们更多地用手机打电话，通信公司经常会推出："一次性充值达到 × 元，就能免费得到精美的礼物一份，音箱、遮阳伞、台灯、水杯等多种礼品等着你，数量有限，送完为止。还在犹豫什么呢，赶紧行动吧！"可以看出，所赠的礼品与产品本身没有直接的联系，但这种利益也能达到诱惑顾客的目的，"明明可以获得的利益，为什么要失去机会呢，不要白不要"。甚至会出现被利益冲昏头的现象，为了得到利益而不管产品本身的质量等，比如很多客户在充值时完全不关心资费方式上的细节，只是一心想拿到赠品。

在买吃的东西或喝的东西时总是会选择那些数量上增加的产品，比如酸奶、饼干等。常常会看见商家为了推销每隔一段时间就会开展"加量不加价"的活动，原本八杯一组的酸奶现在变成了十杯，这多出来的两杯酸奶就会对人们有很大的诱惑力。其实很多时候人们以为免费占得的"便宜"并不是便宜，那些所谓的赠品也只是原有产品的一部分，比如加了两杯的酸奶，也许总的来说酸奶的量并没有增加，只是减少了原来八杯中的分量而把它们转到增加的两杯中了，但即使这样也还是具有诱惑力的。

很多广告中也充分利用了人们抵制不住利益诱惑的心理，在宣传产品时常常会有同样的一个模式：赠品—所宣传的产品—赠品。在免费派发的宣传单上先摆出对人们有很大诱惑力的优惠，吸引人们的眼球，然后对推销的产品进行详细的介绍，在人们了解了自己的产品或服务之后再摆出如果购买会得到什么样的利益，进一步诱惑潜在的顾客。在电视广告中这样的宣传模式也十分普遍，比如某公司推出一款新的洗发水，与之前的产品相比不仅在保持原来价格的基础上增加了净含量，而且还有一些新的功能，在广告宣传时通过"赠品—新款洗发水—赠品"来吸引顾客，"本公司为了答谢新老顾客，通过大量的市场调查和实践考证，特推出新产品，并有一系列的优惠活动。该洗发水是一款吸收了大自然精华的保健型洗发水，不仅能使头发保持垂直、柔顺，还能在您的头皮上形成一层保护膜，保证您的头皮健康。从即日起凡购买本产品就能获得免费赠送的护理精华素一瓶"。

从上面的例子中可以看出，赠品所带来的利益诱惑是很多人抵抗不了的。不管赠品是什么、价值有多大，只要能让人们有意外的收获感就能打动人们的心。

第九章

投资心理学
——投资是一场心理游戏

~~~~~~~~~~~

了解自己的风险承受能力

投资是一个充满了风险和挑战的领域，也正因如此，它才吸引了众多的人参与其中。但是，投资者很少有人能够对自己的心理承受力有正确的判断，那些自认为坚强的人可能会在遇到大麻烦时很快崩溃，而一向并不怎么坚强的人却可能平静地接受结果，甚至等来新的转机。

投资充满了风险，同时也充满了机遇。从某种程度上讲，风险与不确定性也是投资的魅力之一，它迎合了人性中的一些特点，使全世界无数人即使多次损兵折将，也依然乐此不疲。就像我们所看到的那样，交易所里总是一派人头攒动的热闹景象，许多专业投资家、职业经纪人沉湎其中自不待言，就连那些退休的老先生、老太太、家庭主妇、上班族，甚至一些未成年的小孩子也跃跃欲试，想在投资游戏中试试自己的运气与智力。

如果我们仔细观察，就会发现，在股市低迷时，一个经历过市场风浪的职业投资家的表现可能还没有股价上扬时家庭主妇的表现那么淡定和勇敢。每当股价下挫时，那些证券代理商与经纪人都会迅速变化手中的投资组合，将筹码锁定在那些保守的股票上，不敢轻易将手上的现金换成股票，即使在面对一些内在价值被严重低估的好企业时，他们也犹豫不决，因为此时他们的心理较为脆弱，风险承受力较低，这种状况也势必影响到他们的交易决策。而股价上扬、市场高奏凯歌之时，人们个个大胆地追加资金，仿佛只要投入就有回报。此时，市场的风险被人们遗忘了，或者是他们虽然意识到了风险的存在，但他们高估了自己的心理承受力，一旦美梦破灭，就后悔不已。尤其是那些被行情冲昏头脑、将自己的全部家当都投进去的人，将会为他们的盲目付出惨重的代价。

许多研究投资心理学的学者发现，要准确描述人们对风险的承受力几乎是不可能的。那些现代心理学中常用的研究方法，如访谈及问卷并不能考察投资者的风险承受力，因为人们对风险的承受能力是建立在情感之上的，而且随着情况的变化，人们自我感知的风险承受力也会有很大的变化。当股价下跌时，即使那些平常最大胆、最冒进的投资者也会变得畏首畏尾起来；而在股价上扬的时候，别说那些本来就激进的投资者，就连那些保守的投资者也常常满仓持有，难以轻易割舍。

在投资领域，人们普遍认为买卖股票是一种勇敢者的游戏。而在我们的社会中，勇敢者总是受到人们更多的尊敬，这使得大多数人在心中认为自己也是一个能够承受风险的人。但是实际上他们并不是这样的，尤其在面对金钱的时候，自认为的风险承受力与实际的风险承受力并不是一回事。实际上，你可能只有在股价上扬时才是一个勇敢者，而当股价下跌时，你却往往吓坏了，只能跟着一群胆小鬼，唯恐逃之不及。

在股市中，你往往对自己的风险承受能力不甚了解。当市场行情一片大好时，你觉得自己无论买哪一只股票都会大赚一笔，这时你恨不得一下子将未来几年的薪水都预支去炒股。你觉得自己是一个可以面对一切的勇敢者，你随时准备承担可能降临的厄运。但是，事实上你的心里丝毫没有为可能出现的变故留下余地，你的勇敢只不过是轻度妄想症的白日梦罢了。一旦股价下跌，你就会变得异常胆小，担心你今天买入，明天它还会接着跌，那时你的钱会变少，而这是让人无法接受的，于是你就持币观望，不敢行动。

对任何一个投资者来说，客观地认识自己的风险承受力都是十分必要的。在股市中，千万不要对自己的风险承受能力妄

◇ 风险承受力与年龄和性别的关系 ◇

　　心理学家从统计学的角度出发，对人们的风险承受能力进行了研究，结果表明，人们的风险承受力与年龄和性别有很大的关系。从总体来看：

老年人比年轻人更趋向于保守

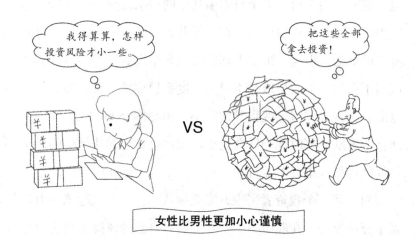

女性比男性更加小心谨慎

心理学越简单越实用
XINLIXUE YUEJIANDANYUESHIYONG

下断语，天真地认为自己无懈可击，因为你的风险承受能力会随股价而波动。因此，你必须客观地认识自己，你越是客观，你就会越冷静，也就越容易做出正确的抉择。

过度自信影响决策

许多心理研究表明，人们发生判断失误是因为人们过于自信。如果选一群人做样本，问他们有多少人相信自己的驾驶技术是高于平均水平的，有70%以上的人会说他们是极佳的驾驶员——这就留下一个问题：谁是差劲的驾驶员？另一个例子出现在医疗行业。当问及医生时，他们说他们对肺炎的诊断成功率能达到90%，而事实上他们只有50%的准确性。

就信心本身来讲，并不是一件坏事。但过度自信则是另一回事。当我们处理金融事宜时，它就尤其有害。信心过度的投资者不仅会让自己做出愚蠢的决策，而且会对整体市场产生巨大的负面影响。

投资者一般都表现出高度的自信，这是一种规律。他们想象自己比别人都聪明而且能选择获利的股票，或者至少他们会选择聪明的券商为他们打败市场。他们趋向于高估券商的知识和技巧。他们所依赖的信息也是能证实他们正确的信息，而反面意见他们则置之不理。更糟糕的是，他们头脑中加工的信息

◇ 合理地规划投资 ◇

  合理地规划投资，减少过度自信带来的不利影响，才能有效防范风险。而解决这个问题的办法可以从以下三种理财方式中获得。

用日常收入的 30%~40% 尽早进行投资和部署。

减少欲望，不盲目追求高回报，为自己设定合理的报酬率。

投资组合化，不做单一投资，通过分散投资来分散风险。

都是随手可得的信息，他们不会去寻找那些鲜为人知的信息。

如何证明投资者是过度自信的人呢？按照有效市场理论，投资者本该买股并持股。然而在过去的几年里，我们却经历了交易量的大幅度上升。理查德·萨雷认为投资者和券商都被赋予了一种信念，即认为自己掌握着更好的信息，自己比别人更聪明，所以自己能获胜。

信心过度解释了为什么许多券商会做出错误的市场预测。他们对自己收集的资料自信过度了，而如果所有的券商和投资商都认为他们的信息是正确的，他们知道一些别人不知道的消息，结果将会导致更大的交易量。

投资者趋向于认为别人的投资决策都是非理性的，而自己的决定是理性的，是在根据优势的信息基础上进行操作的，但事实并非如此。丹尼尔·卡尔曼认为，过度自信来源于投资者对概率事件的错误估计。人们总是对于小概率事件发生的可能性产生过高的估计，认为其总是可能发生的，这也是各种博彩行为的心理依据；而对于中等偏高程度的概率性事件，人们则易产生过低的估计；但对于90%以上的概率性事件，则认为肯定会发生，这是过度自信产生的一个主要原因。此外，参加投资活动会让投资者产生一种控制错觉，控制错觉也是产生过度自信的一个重要原因。投资者和证券分析师们在他们有一定知识的领域中过于自信。然而，提高自信水平与成功投资并无相关性。基金经理人、股评家以及投资者总认为自己有能力跑赢大盘，然而事实并非如此。有研究者在此领域做了大量研究，发现男性在许多领域（体育、领导、与别人相处）中总是过高估计自己。他们在 1991～1997 年研究了 38000 名投资者的投资行为，将年交易量作为过度自信的指标，结果发现男性投资者的年交易量比女性投资者的年交易量总体高出 20% 以上，而投资收益却略低于女性。该数据显示，过度自信的投资者在市场中会频繁交易，总体表现为年交易量的放大，但由于过度自信而频繁地进行交易并不能让其获得更高的收益。在另一个研究中，他们取样 1991～1996 年中的 78000 名投资者，发现年交易量越高的投资者的实际投资收益越低。在一系列的研究中，他们还发现过度自信的投资者更喜欢冒风险，同时也容易忽略交易成本，这也是过度自信的投资者投资收益低于正常水平的两大原因。

如果市场是有效的，人的投资行为也理性的话，那么人们就应当认真选择股票，并在一定期间内持有它，而不是一有风吹草动便着急动作。正因为大多数机构投资者与个人投资者有过度自信的通病，他们认为自己能够战胜市场，将别人丢在后面，所以他们不断地买卖股票，认为自己能抓住市场波动的规律而大获其利。这也就是为什么市场的交易量总是很大、股票的换手率通常很高的重要原因。这些人认为他们比其他人更聪明，他们掌握着被别人忽略的信息，所以他们能够获胜。

过度自信使许多证券商对市场做出了错误的预测。作为专业机构与人士，他们自认为比别人更了解股市，也更能把握它。他们可能搜集了大量的信息，可能对市场的变化有很强的敏感性，但这都不应当是他们自认为聪明的原因。因为事实上，他们知道的东西别人也同样知道，而且别人可能还注意到了被他们忽略的信息，他们的自信在事实面前最终将被粉碎。

心理学家指出，那些对自我有客观认识的人并不多，更多的人认为自己比别人聪明。可真实的情况是，大多数人是资质平平的，天才当然有，但可惜你不是。盲目自信对投资者可谓有百害而无一利。当你觉得自己有百分之百的把握去购买某只股票时，切记不可将这种信心当成理由。别忘了，全世界像这样满怀信心去做傻事的人不计其数。

风险厌恶效应

同样是赌博游戏，在经历了亏损之后，人们则更不愿意冒风险。研究者将这种现象称为"风险厌恶效应"，也叫"蛇咬效应"。研究者发现，人们在输钱之后通常会拒绝赌博，因为赔钱之后，被试者往往感觉被蛇咬了。

蛇通常并不咬人，但是人们一旦被蛇咬过，就会非常谨慎。

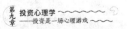

同样，当人们不够幸运而输了钱之后，通常会认为自己接下来的运气也不会好，因此，他们会回避风险。

蛇咬效应会影响到投资者。新进入市场的投资者或者保守的投资者可能会试探性地进入市场。对一个长线投资者来说，在投资组合中加入一些股票可以更加分散化，从而提高预期收益率。然而，如果这些股票迅速下跌的话，第一次买股票的投资者可能会感觉像被蛇咬一样。假设一个年轻的投资者以30美元一股买入一家生物科技公司的股票，3天后，该股票下跌到28美元，他会非常恐慌并将这只股票卖掉，而且即便这只股票后来涨到了75美元，他也仍然会害怕再次进入市场。

在投资领域，有些投资者在经历了一次失败之后，就会对投资畏首畏尾，有些人甚至会拒绝再次投资。

尽量返本效应

在投资领域，失败者并不总是回避风险，人们通常会抓住机会弥补损失。研究发现，在赔钱之后，绝大多数的被试者采取了要么翻倍下注要么不赌的策略。被试者尽管知道赢的概率可能会低于50%，但是他们仍然愿意冒风险。此时，希望返本的愿望似乎比蛇咬效应更强烈一些。这种现象就叫作"尽量返本效应"。

尽量返本效应的例子可以在赛马中看到。经过一天的赌马而赔钱之后，赌博者更愿意参与赔率高的下注。15：1的赔率意味着2美元的赌注可能会赢30美元，当然，赔率为15：1的马赢的可能性很小。赛马快结束的时候人们在赔率高的马上下注的赌资比例要比刚开始的时候高，表明人们更不愿意在一天的早些时候冒此风险。另外，那些已经赚了钱（"赌场的钱"效应）或者是赔了钱（返本效应）的赌博者会更愿意冒这种风险——赚钱的人愿意冒此风险是因为他们感觉他们在玩赌场的钱；赔钱的人愿意冒此风险是因为他们想抓住一个可能返本的机会，因为此时赛马快结束了，赔也不会赔得太多。而那些赔得不多、赚得也不多的人则宁愿不冒此风险。

　　我们来看一下在芝加哥期货交易所专职进行国债期货交易的专业交易员的例子。这些交易员在一天的交易中靠持有头寸及提供市场服务来获取利润，而这些头寸通常都要在一天结束时平仓。他们每天都会计算盈利，如果上午赔了钱的话，他们下午会怎么做呢？约斯华·卡佛和泰勒·沙姆威研究了426名这样的交易员在1998年的交易数据，他们发现这些交易员在上午赔钱之后，下午可能提高风险水平以期弥补上午的损失，而且，他们更愿意选择与对手交易员（而不是市场的一般投资者）进行交易，平均而言，这些交易最终都是赔钱的交易。这一现象显示了一个投资者在经历损失之后行为可能发生的变化。

这就验证了本文提到的研究发现，大多数人在赔钱之后采取了要么不赌要么翻倍下注的策略。那些选择翻倍下注的人是想抓住机会弥补损失，尽可能地将自己的损失减到最小。

心理价位的采纳和引导

心理价位，是指投资者认为某种股票应达到的某个价位——上升时应该上到什么价位，下跌时可能跌到什么价位。它既是一个获利的目标，也是一个止损的界限，是投资者的判断力和承受力在心理上的尺度。群体心理价位的形成是广大投资者心理价位共同作用的结果。

在广大的投资群体中，既存在相近的心理价位，也存在截然不同的心理价位。由于投资者的个体素质差异，心理价位的判断难免产生差异。例如，对于同一股票的同一价位，你认为已近高峰，他却认为尚在谷底；你认为是熊市的开始，他却认为是牛市的起点。正所谓仁者见仁，智者见智。一般来说，有了正确的心理价位，才能在波动的股市中平稳心态，顺势操作，既不盲目跟进，也不跟风抛售，而是能在山穷水尽时看到柳暗花明，在晴空晓日时觉察到山雨欲来，从而领先一步躲入避风港。

股市中没有常胜将军，但是一个合理的心理价位却能使投资者操作有序、进退有方。然而，要确立一个合理的心理价位，绝不是瞎子摸象，侥幸所得，而是取决于投资者对市场信息、企业优劣、供求矛盾、形势政策等系统性风险和非系统性风险的科学分析。它既是一个由表及里、由浅入深、去伪存真、去粗取精的思维方式，也是一个随股市变化而不断认识、不断调整的综合性过程，它从属于市场规律，也有其自身的特性。一般来说，个体心理价位只对个体起作用，对于股市的影响甚微；而群体的心理价位则不同，它可能会导致股市的暴涨或暴跌。

股价走势的高点和低点是个体投资者最关心的两个问题。一般来说，在股价上涨阶段，人们关心的是本次涨势的高点；而在下跌阶段，人们关心的则是低点何在。对于股价的高点和低点可从几个方面确定，如经典的基本分析强调市盈率、净资产率、股息红利率与增长率，以此测定的是理论期望价格，不属于心理价位。纯粹的技术分析根据股价运行模式，把眼前的价格走势与成交量制成各种图表，以此推测价格变动，这样测定的价位也不属于心理价位。股市群体心理价位只存在于股市大众的感觉与期望中，并通过大众的口耳相传逐步形成。

心理价位是应市场的需要而产生的。不管哪一种投资者，在进行决策时，都希望有所依据，有明确的目标可追，否则他们就会感到不踏实。而股市是人气聚散之地，当人气过于充沛

◇ 合理心理价位的形成 ◇

在股市操作中，形成一个理性的心理价位，并使之成为投资人群的共识，并非一朝一夕所能办到的。

首先，有待于股市机制的不断完善和证券机构的引导。引导投资者增强风险意识，提高对股票投资的理性认识。

其次，则有待于投资者自身素质的提高，切实认识到股票不是储蓄，不仅需要财力，还需要智力和精力。

最后，股民要克服追涨时只听利多、赶跌时只听利空的偏执心理，增强对经济环境、股市情况的综合分析和判断能力。

这样，一个既符合股市规律又有利于投资者自身的合理的心理价位才能不断得到确立。

时，基本分析往往退居幕后，技术分析也会武器钝化，一般投资者就会嘀咕：这个股价到底要涨到哪儿？尤其当股价连创新高，连最起码的横向比较也找不到较合适的参照系时更是如此。无方向、无目标是投资者最头痛的事。

这时，一些市场人士往往会因势而作，根据各自的经验和感觉提出各种价位，但这只是个人猜测阶段。各种价位出笼后，有的迅速被淘汰，有的几经流传、碰撞和筛选，终因较符合大多数人的感觉而被广泛接受，群体心理价位就这样产生了。它像同行之间的"自由议价"，一经产生就会成为同行间做生意的基准。所以，群体心理价位是市场态势十分明朗、人气十分充沛时的产物。而它的产生，又像茫茫夜海中的灯塔，隐现于波涛之中，顺应了夜航人的心理需求。这时众多的投资者因被其吸引而不顾一切地往这个目标奔去，而其效果则往往会"心想事成"。

在股市开创初期，投资者的心理价位起步较低，往往以高于债券利息作为获利标准，只求与溢价相平就满足了。但随着证交所的成立，分散的柜台交易转向了集中竞价的二级市场，投资者的心理价位也进入了一个新阶段。以上海电真空为例，从1990年12月19日到1991年6月，该股价位为365元、507元、373元和495元，呈现出波浪形起伏状，可见投资者的心理素质得到了锻炼，理智的成分开始提高，在确立获利目标的同时，也知道了确立止损的极限。而自 1991 年 7 月起，由于投资人群的迅速扩大，供求矛盾逐步突出，所以在人们金融意识提高的同时，心理价位的投机因素也逐渐增加，出现了脱离市盈率而狂热追涨的现象。可见，一定阶段的股市状况正是该阶段投资者的心理价位在市场上的反映。

一个股市的成熟稳定常取决于投资人群中合理的心理价位是否占主导地位。不稳定的心态一旦占据了主流，必然导致股市的不稳定。偏高的心理价位会引发股市的暴涨，而偏低的心理价位则会引发股市的暴跌，由此可见心理价位对股市影响之大。但随着股市的发展成熟，合理的心理价位必将主导股市的起伏。

采纳心理价位是一件简单而又复杂的事情。其简单是因为一个数字，简捷明了，不费我们的脑子；其复杂是因为采纳心理价位除了要同股市人气状况进行对比外，还要掌握以下三个特点：

（1）适中性。在股价涨势的初期、中期和后期，心理价位往往会一高再高。一般来说，早期的大多会偏于保守，后期的会偏于激进，有时甚至是盲目乐观的产物。例如，1992 年年初，延中的初期心理价位是 200 元，后来是 300 元、400 元和 500 元，可见投资者不掌握适中原则就会误入歧途。

（2）单纯性。好的心理价位至少是大多数人公认的，因此比较单纯，众口一价。如果同一时间内数价混行，则说明股民中分歧极大，这时，明智的投资者往往会择低者而从之，甚至干脆不理。

（3）近似性。依心理价位操作一定要有足够的提前量。因为心理价位是一柄"双刃剑"，在实际价位还低于它时，它会产生吸引力；当实际价位达到它时，它就会引力顿失，使股价跳水。所以，股价越高，提前量应越大。

股民常见的心理误区分析

投资者欲取胜于市场，必须先征服自己的心理弱点。在市场中有效地进行自我调节，把握自我，培养一种健康成熟的心态至关重要。股市尤其是 B 股市场，风云莫测，危机四伏，在不断震荡的股海中，投资者要想获得成功，有雄厚的资金是必要的，但具有良好的投资心理更为关键。一些投资者由于缺乏正确的投资心理，难以适应风云变幻的证券市场，追涨杀跌，结果一败涂地，有的甚至倾家荡产。下面是几种常见的股民心理误区：

盲从心理
具有盲从心理的投资者在股票市场上缺乏自信，没有主见，

◇ 投资市场上盲目跟风的原因 ◇

在投资市场上，人们为什么常常重复犯盲目跟风、追涨杀跌的毛病呢？主要原因有以下两个：

哎，我根本不懂，总是赔，以后还是跟着大家走吧。

1.缺乏系统的股票证券等投资知识

不能把握市场走势，从而只能以别人的行为作为参考模式。

这么多人买啊，等等我，我也买！

2.从众心理的影响

很多人看到大家都买，就觉得自己也应该买，是典型的从众心理。

盲从心理是证券投资的大忌。没有自信，就只能跟在他人后面转，见涨就跟，见跌就抛，这样必然会吃亏。

道听途说，满脑子张三李四的意见，唯独排斥了自我的见解，人云亦云，其结果只能是输掉股票。

投资者要想克服盲从心理，首先必须系统学习，掌握证券投资知识和操作技巧，否则，投资股票就如瞎子摸象。一个掌握足够证券知识的投资者能透过市场出现的各种现象把握股市变化的规律，正确预测市场走势。一个人掌握的证券知识越充分，他就越自信，绝不会受别人影响。而一旦他对股票市场的动向有了基本的见解之后，即使持相反观点的人很多，他也不会轻易地改变自己的立场。其次，投资者要养成独立思考和判断的习惯。因为股市上永远是先知先觉者太少，后知后觉者太多，"事后诸葛亮"太多。在股市上，总是少数人赚多数人的钱。所以要培养独立判断、逆向思维的能力，当大多数人"做多"时，自己应寻找"做空"的理由，因为真理往往掌握在少数人的手中。

贪婪心理

投资者想获取投资得益是理所当然的，但不可太贪婪，要知道有时候，投资者的失败就是由于过分贪心造成的。

贪心是人性的一个弱点。当行情上涨时，投资者一心要追求更高的价位、获得更大的收益，而迟迟不肯抛出自己的股票，从而使得自己失去了一次抛出的机会；当行情下跌时，又一心想行情还会继续下跌，所以犹豫不决，迟迟不肯入市，期望以更低的价格买进，从而又错过了入市的良机。希望最高点抛出是贪，希望最低点买进也是贪，而贪心的最后结果不是踏空，就是被套牢。其实无论是做股票还是做期货，最忌的就是"贪心"。那如何克服"贪心"这一弱点呢？答案就是投资者要保持一颗平常心。因为想正确地判断出股价的顶部和底部是件极不容易的事情，要在每一次高峰卖出而在低谷买进更是痴人说梦。作为投资者，在预定行情达到八九成时就应知足了，毕竟从事证券投资应留一部分利润给别人赚。不乞求最高点卖出、最低点买进，保持"舍头去尾，只求鱼身"的心态，只有这样，致富的机会才能不断地光顾你。从事证券投资，收益目标不要定得太高，致富的欲望不要过于急切，不要乞求短时间发大财，成为巨富。应认清证券投资的规律，放弃空想，抑制贪念，只求赚取合理的差价。行情要一步步地做，利润要一点点地赚，稳扎稳打，步步为营，积少成多。

赌博心理

具有赌博心理的投资者在投资上的一个重要表现就是在大盘或个股的走势还不明朗，或在企业基本面的变化尚未明显改观之前，仅凭借自己的猜测就轻易买进或卖出，企图靠碰运气发上一笔。例如，在大盘下行趋势尚未改变之前，许多人为买到最低价，经常去猜测市场的底部，结果是常猜常买常套。"高位博傻"也是"赌"的一个重要表现。这种投资的指导思想是：不怕自己是傻瓜而买了高价货，只要别人比自己更傻，愿意以更高的价格进货，自己就可以将股票卖给后一位傻子而赚钱。之所以说这种做法是赌博，是因为这种投资策略面临的不确定性太大，因为别人是不是比自己傻谁也说不清楚。而一旦高价股拿到手后没有后来者来接货，后果就将不堪设想。这几年，重组股的炒作风起云涌，一浪高过一浪，多家企业在重组题材的刺激下，股价连连上涨。于是，一些投资者就把大把大把的钞票"押"在了绩劣垃圾股上，希望有朝一日"乌鸦"能变成"凤凰"。然而时间一年一年地过去，"乌鸦"不但未变成"凤凰"，自己反而在亏损的道路上越走越远。这正是"高位博傻"这种赌博心理失败的一大典型例证。

投资者若抱着赌博心理进入股市买卖股票，无疑是走向失败的开始，在股票市场行情不断下跌中遭受惨重损失的往往是这种人。因为这种人在股市中获利后，多半会被胜利冲昏头脑，像赌棍一样不断加注，直到输光为止。而在股市中失利后，他们又往往会不惜背水一战，把资金全部投在某一种或若干种股票上，孤注一掷。结果，往往是股价一天天下跌，钱一天天减少，最后落得个"偷鸡不成蚀把米"的下场。

每个投资者都希望自己买到最低价、卖到最高价，但这种过于完美的生意只存在于人们的幻想之中，因为你"不可能榨干最后一滴萝卜汁"，虽然许多人在试图这么做——下意识地想从交易中赚到最后一点利润。从某种意义上讲，这种过于完美的要求等于是在说水不解酒、太阳不发光、地球不绕太阳转，这不仅不现实，而且属于贪得无厌。

常言道："久赌必输。"进行证券投资，光靠运气是不行的，好运气不会永远跟着人走，存有任何侥幸心理所作的投资决定往往都是很危险的，损失也是惨重的。因此，投资者必须克服赌博心态，必须清醒地认识到，任何事物的发展都是有规律的，股市也不例外，虽然股价每日都在波动，但它的波动也是有规律的。要想在证券市场上取得成功，就不能靠侥幸，而必须靠丰富的证券投资知识、操作技巧、超人的智慧和当机立断的决心。透过市场价格不断波动的现象，把握股价走势规律，理性决策，这样才能在证券市场上取得成功。

股市上的胜利者往往具有高瞻远瞩的眼光和过硬的心理素质，能透过种种现象看本质，不抱"随便"和从众心理，并且每一次决定都经过深思熟虑。而这种平和淡然的心态，正是股海中人最难得的优势。

第十章

两性心理学
——男人来自火星，女人来自金星

大相径庭的男人和女人

男人和女人共同组成了人类这个大家庭。虽然同属一个物种，但男人和女人却有着很大的不同，在思维方式、感情倾向等方面有着很大的差异。男人常常对女人的想法感到费解，而女人也常常觉得男人的做法不可思议。面对同样的问题，男人和女人大多会做出不同的反应。更要命的是男人和女人还经常相互误解，用自己的想法去揣测对方的心理。在现实生活中，有关两性的问题层出不穷，其原因就在于人们还没有认识到男人和女人之间的巨大差异。

男人的思维是单向思维，他们每次只能思考一件事；而女人的思维是网状思维，她们常常可以同时做几件事情。男人的单向思维决定了男人的专注性更强，他们可以一心一意地做一件事情，不容易受其他事情的打扰；女人的网状思维则决定了女人的想象力更丰富，这使得她们更具有创造性，但她们很难将全部注意力都集中在一件事情上。此外，在看待问题上，男人更善于从大处着眼，而女人则倾向于从细微之处入手。所以，男人更适合掌控大局，女人更适合做具体的工作。

男人更喜欢同男人聊天，女人更喜欢与女人交谈，因为同性之间有更多的共同语言。当女人对着一位女性朋友大谈电影中的精彩镜头时，她们可以聊得非常起劲儿，但如果同一位男性朋友说，则大多会换来对方的冷淡回应。为什么会出现这种状况呢？因为男人和女人在看电影时的侧重点不同。男人更注重整个故事的轮廓，对于其中的细节很少留意；女人则注重细节，她们不仅能记住剧情，而且还能将精彩的台词复述出来。

对于同一句话，男人和女人常常会解读出不同的意思。男人大多会直接解读，而女人则会根据一些非语言信息进行解读。比如有人对男人说了一句："你的衣服真好看！"男人常常会认为是对自己的真心赞美。如果有人对女人说了同样一句话，女人则会根据说话人的语气及表情等其他因素来判断对方是在真心赞美自己、刻意挖苦自己，还是另有目的。同样，男人说话时也大多会直接传达自己的意思，而女人则喜欢拐弯抹角，通过间接的方式表达出自己的真正意思。

男人的思维方式与女人的思维方式有着很大的不同。当男人沉默时，那是他们在思考问题，这个过程在女人看来是无声的，但在男人的大脑中却是有声的。也就是说，男人在用脑"说话"，他们在默默地自言自语。女人正好相反，女人的思考方式不是用脑，而是用嘴，当女人将一系列问题毫无逻辑性地说出来时，那正是她的思考过程的言语体现。

思考一件事情，男人更关注的是事情本身，而女人则会由此联想到很多其他的事情，有些可能与这件事根本就没有关系。当男人与女人共同讨论一件事时，开始时他们或许还能就事论事，可说着说着，女人就跑题了，到最后干脆脱离了主题。男人的思维可能还停在原来的主题上，但女人却可能已经更换了无数次主题了，所以交谈进行的时间越长，就显得越不合拍，有时男人甚至根本就不知道女人在说什么。

男人擅长的事物与女人不同，男人感兴趣的事物也与女人的有所差异，所以男人和女人经常出现话不投机的现象。当男人对着女人侃侃而谈国际时事和最新的军队装备时，女人虽然表面上在倾听，实际上心早就飞出很远了。此外，在生活习惯上，男人和女人也大不相同。比如说男人喜欢体育节目，女人则喜欢情感剧；男人喜欢不停地变换电视频道，女人则喜欢停留在固定的频道上；男人很少探听朋友的私生活，而女人却能将朋友的私人事情娓娓道来。

在对待情感问题上，男人和女人的表现也大不相同。男人追求女人，是为了征服女人，满足自己的征服欲；女人追求男人，则是希望将男人占为己有，与男人确定关系。女人很容易坠入爱河，以婚姻为恋爱的终极目的；男人则对婚姻比较谨慎，将恋爱与婚姻分得比较清楚，时机未到绝不谈及婚姻。在确定恋爱关系以后，女人希望将男人拴得死死的，恨不得两个人一刻也不分开；男人则希望保持自己的自由之身，可以继续与朋友聊天喝酒，继续看自己喜爱的体育节目。女人更注重家庭，男人更注重事业。女人会用心经营自己的感情和婚姻，而男人却很少将时间花在这些事情上。

男人和女人的差异当然不止上面提到的这些，这里不再一一列举。只有我们认识到男女之间存在的巨大差距，才能进一步探索男女差异的原因，找到有关男女两性问题的真正答案。

男人和女人的差异绝非特殊现象，而是一种普遍存在的社会现象。男人的世界有男人的语言和生活方式，女人的世界有女人的语言和生活方式。所以，男人进入女人的世界会感到不适，女人走进男人的世界也会水土不服。

从不适应到适应需要一个过程，而了解对方世界的过程即是适应的过程。世界上只有两种人，男人和女人要在一起工作、生活，还要结婚生子，如果总是处于这种不适应和水土不服的状态，那么各种各样的问题就会接连发生，严重影响生活的质量。

差异并不可怕，只要尊重差异，理解差异，那么男人和女人就可以和睦地相处。当男人和女人都能轻松走进对方的世界而没有丝毫不适时，男女之间的问题也就彻底解决了。

男人为什么讨厌女人给自己建议

男人有一个共同点，就是愿意给别人出主意。很多时候，当女人向他们倾诉时，他们只要听就行了，可他们偏不，认真听着的同时还要不时地提出自己的建议，告诉女人应该怎么办。可想而知，他们的好心会换来什么结果——女人越来越激动，越来越愤怒，指责男人只会说风凉话，一点也不重视自己的感受。男人也被女人的话激怒了，自己好心帮助女人解决问题却遭到对方的无理指责，简直不可理喻。

生活中这样的场景并不少见。男人是关心女人的，女人是信任男人的，可为什么对彼此的关心和信任会演化成一场战争呢？原因就在于男人和女人互不理解，男人不了解女人渴望被人倾听，女人也不了解男人喜欢给人出主意。

男人喜欢给人出主意，是他们在漫长的进化过程中形成的天性。作为狩猎者，男人的任务就是要精确地击中猎物，为全家提供食物，这也是他们自身的价值之所在。也就是说，男人以击中目标的能力来衡量自身的价值。经过长期的进化，男人的大脑中出现了一个专门负责击中目标的区域，也是这个区域让男人有了存在的价值，而男人也变成了以结果为重的人。他们看重事情的结果，注重自己取得的成就和解决问题的能力，因为这是他们存在的价值。

男人之所以喜欢给人出主意，就是因为他们将解决问题的能力看得很重，并以此来衡量一个人的自身价值。女人如果接受了男人的建议，使自己的问题得到了解决，就是对男人自身价值的肯定。所以，当女人向男人提出问题时，男人也会将其视为一次展现自己解决问题能力的机会，并尽自己最大的努力去帮助女人解决问题。在男人看来，女人既然提出了问题，就是希望解决问题，而他们恰好可以给予女人这样的帮助。

男人喜欢给别人出主意，但却讨厌女人给自己建议，除非是自己主动请求帮助，否则他们绝不想听到任何建议。

生活中也常有这样的情景出现：当女人看到男人正在苦苦思索问题的答案时，就会提出自己的建议。女人觉得自己这样做是关心、体贴男人的表现，而且也可以帮助男人分忧，因此男人应该感激她们。可是，事实却恰恰相反，男人不但对女人的"好意"毫无感激之情，而且还十分讨厌女人的建议，他们认为这是女人不信任自己、看不起自己的表现。

对于男人的不满，女人往往无法理解，自己如此体贴、关心男人，尽自己的力量帮助他们，为什么还会招来男人的不满呢？如果不是深爱着男人，又怎么会主动提供建议和帮助呢？难道他们没有感受到自己深深的爱意吗？女人可能会觉得很委屈，站在她们的角度来看，她们确实是没有错，也确实有些委屈。不过如果女人了解了男人的心理，那就不会再以这样的方式去表达自己的爱意了。就像女人在倾诉时不想听到男人的建议一样，在男人苦苦思索问题时，他们也不需要不请自来的建议。

对男人来说，独立解决问题的能力是非常重要的，这是衡量一个男人自身价值的重要标准。如果有人怀疑男人独立解决问题的能力，那就是对其价值的否定。女人正是因为不小心犯了这样的错误，所以才造成了男人的误会。

当男人遇到麻烦时，女人应该表示出自己对男人的信任，因为陷入困境的男人是脆弱而无助的，在这种情况下，他们最需要的就是来自他人的信任和鼓励，尤其是来自自己心爱女人的。女人可以选择沉默，不去打扰男人，并相信男人可以依靠他们自己的力量来解决问题。男人会对女人的信任异常感动，这会激励他们的信心，增加他们的动力，更重要的是他们会更加宠爱女人。这就是说，即使女人已经有了解决问题的办法，也要克制住自己不直接给男人建议，这才是向男人展现爱意的最好方式。

我们经常看到生活中很多能力出众的女人，她们的老公一

◇ 女人要学会给男人展现能力的机会 ◇

男人希望在心爱的女人面前展现自己的能力，让女人以自己为荣。当男人的能力被认可的时候，那是他们最骄傲、最自豪的时刻。

女人应该给男人展现能力的机会，让他去证明自己，超越自己，这既是对男人的信任，也是在帮助男人进步。

既然你都这么厉害了，我做你身后的小男人就好了。

当男人觉得自己处处不如女人，什么都做不成的时候，他们就会自怨自艾，不再追求进步了。

无论自身能力多么强的女人，都需要美满的婚姻和幸福的家庭。让男人更爱自己并不需要费多大的心思，只要给男人以充分展现能力的机会就可以。

事无成。出现这样的状况或许不能都怪男人，女人能力太强，不给男人表现自己的机会，这会让男人的信心大大受挫，时间长了自然也就毫无斗志了。

面对压力，男人选择把自己封闭起来

男人的压力反应机制与女人不同，当压力到来时，男人会选择做一些其他的事情，让自己放松下来。男人的压力反应机制是在原始社会长期的狩猎过程中形成的，并一直延续到了今天。自原始社会，当男人结束了一天的狩猎生活回到家里时，他们不会交流，常常会一个人坐在火堆旁发呆，或者与其他男人一起做一些轻松的事情。对于奔波一天的男人来说，回到家最需要做的事就是休息，只有让身体和精神都得到了充分的休息，才能在第二天更好地进行狩猎活动。

原始时代男人狩猎后的表现与现代男人工作后的表现颇为相似。当男人工作了一天回到家里以后，他们或者拿着遥控器漫无目的地转换电视频道，或者去打游戏、看报纸，他们不想说话，更不想交流，有时还会直奔房间将自己关起来。男人不想把自己的问题告诉女人，更不希望与女人讨论问题，他们只想暂时逃离问题，让自己放松下来，也许第二天他们自己就可以找到有效的解决办法。

男人的这种表现很让女人不解。为什么不说出来呢？说出来不就没事了吗？至少也可以让自己轻松一些呀！所以，当女人发现男人的精神状态不太好时，总是试图与男人交谈，希望男人能将内心的烦恼说出来。女人以为自己这是在帮助男人，可实际上，男人根本就不需要这样的帮助，女人的一再追问只会让男人更加心烦。

男人为什么要这样呢？因为他们需要集中全部的注意力将问题尽快解决。男人不想用他们的问题去烦别人，也不想给别人带来负担，他们只想自己静静地思考，而不希望任何人、任何事来打扰他们。

当男人几乎把全部注意力都集中在正在思考的问题上时，根本就没有心思去应付其他的事情。如果女人在这个时候企图和男人交流，自然也不会有好的效果。即使女人关切地询问男人的情况，男人也没有心思去回答女人，只会用简短的"嗯""好"等来应付女人。当然，对处于这种状态的男人来说，由于其注意力几乎全都在自己的问题上，因此他们很少意识到自己是怎样对待女人的，也不知道自己已经给女人造成了伤害。

男人的回答显然不能让女人满意，当她们发现男人总是心不在焉时，就会觉得自己不被重视，甚至认为男人心有他属，不再爱自己了。结果，女人在一边独自哀伤感怀，而男人却根本不知道发生了什么，想到了解决问题的办法后，又会恢复往日对女人的热情。

男人把自己封闭起来并不意味着对女人的爱有所减少，更不意味着不再爱女人了，这些不过是女人的自我臆断罢了。男人之所以会忽视女人的感受，在与女人交谈时心不在焉，是因为他们的思维正在被他们自己的问题牵绊着，而男人的思维又是单向性的，不可能一心二用，因此对女人的疏忽也是在所难免的。女人据此认定男人不爱自己显然是在自寻烦恼，与男人发生争吵就更是不理智，为什么不给男人一点时间，让男人安静一会儿呢？

不过，如果男人一直都找不到解决问题的办法，那么他们就会继续封闭自己，即使不沉默，也会做一些自己喜欢且不需要其他人参与的事情，继续沉醉在自己的世界里，以求得到解脱。这样的精神解脱往往很有效，在精神得到放松之后，思维会变得更加活跃，这对解决问题很有帮助。

如果女人真的希望帮助男人，就应该配合男人，给男人独立的空间，帮助男人尽快摆脱烦心事。

虽然说男人自我封闭是一种自然的反应机制，但男人却不能因此而将女人的感受完全置之不理，女人天生敏感很容易受到伤害。男人有自我封闭的权利，女人有享受倾听的权利，只有男人和女人相互谅解，彼此尊重，才能达成更多的默契，实现更好的配合。

女人更擅长拆穿别人的谎言

很多人认为男人比女人更爱撒谎，其实不然，女人和男人一样爱撒谎，只是男人的谎话更容易被女人拆穿，所以才给人们留下了男人说谎更多的印象。

为什么女人更擅长拆穿别人的谎言呢？这是因为女人对肢体和语音信号有着超强的辨别能力，这种能力可以帮助她们洞察其他人的真实心理。女人的这种能力是由先天的生理因素决定的，是在长期的进化过程中形成的，这既是她们的生存需要，也是她们的生活需要。

相对男人来说，这种能力对女人更重要。在人类漫长的进化过程中，女人一直都承担着繁衍后代和照顾孩子的重任，当男人外出劳动时，她们必须独自面对随时可能发生的紧急状况。在身体状况上，女人无疑是天生的弱者，所以她们必须能够迅速识别接近她们的人的来意，及时发现潜藏在身边的危险，这样才能更好地保护自己和孩子。如果不具备这样的能力，她们就会将自己和孩子暴露在危险之中。也就是说，女人的识别能力其实是对自己的一种保护，是生存的需要。另外，在相当长的一段历史时期，女人的主要职责都是照顾孩子，所以准确识别孩子的情绪，也就成为她们的生活需要。她们必须能够迅速判断孩子的真实情感，这样才能更好地与孩子进行交流。社会发展到今天，女人的生活模式已经发生了很大的变化，但在进化过程中形成的一些基本能力却被保留了下来。

女人表现出来的对肢体和语音信号的超强识别能力，主要是由大脑的结构决定的。脑部核磁共振显示，女人在交流时会有 14 ~ 16 个脑部区域参与其中，而男人则只会动用 4 ~ 7 个脑部区域。这就意味着女人在交谈的同时可以做比男人更多的事，察觉到男人察觉不到的信息。在女人参与交流的这些大脑区域中，有些用来解码语言，有些用来解码语调的变化，还有些用来解码肢体动作等，这是女人的额外优势，也是女人感觉敏锐的主要原因。男人觉得女人有"第六感觉"，其实只是女人的感觉更敏锐罢了。

谎话之所以会被察觉到，就是因为大多数谎话牵涉到感情因素，而一旦牵涉到感情因素，就一定会以某种形式表现出来，比如说视觉和语言信号。对于具有超强识别能力的女人来说，要识别这样的信号可以说是轻而易举的，一个异样的眼神、一声轻轻的叹息、一次不经意的摇头等，都会被女人察觉到。一般来说，谎撒得越大，牵涉到的感情因素越多，表现出来的说谎信号就越多，被人察觉到的可能性也就越大。所以，对亲密的人撒谎，尤其是对亲密的女人撒谎，谎话就很可能会失灵。

◇ 识别说谎信号 ◇

专家研究发现，一个人无论怎么会说谎，由大脑转换的说谎模式，都会有下意识的信号被抓住。即使是普通人，只需要识别这些信号，就能够知道这个人是否在说谎。

说谎者虚伪的微笑在几秒钟就能戳穿他们的谎言。他们的笑不会到达眼睛，嘴角往往只有一边会上翘。

人维持一个正常的表情会有几秒钟，但是在"伪装的脸"上，真实的情感会在脸上停留极短的时间，所以你得小心观察。

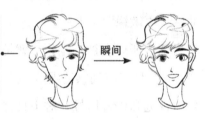

瞬间

撒谎的人老爱触摸自己，就像黑猩猩在压抑时会更多地梳洗打扮自己一样。

这也和女人对有关感情的事物有着更强的记忆能力有关。女人的大脑中有一个非常重要的组成部分，它的主要功能就是存贮、搜索记忆和使用语言。这个重要的组成部分就是海绵体。在男孩和女孩的成长过程中，海绵体的成长速度是不同的，这也就决定了男人和女人对事物的记忆能力是不同的。女孩大脑中海绵体的成长速度要快于男孩，所以，在那些涉及感情的事物上，女人比男人有着更强的记忆能力，她们总是记得谁曾经对她们说了什么样的谎话，所以，当男人再次对女人说谎时，就会被女人马上识破。由此看来，对女人说谎实在是太难了。

女人说话总是喜欢拐弯抹角

男人常常觉得跟女人交谈很累，因为女人总爱拐弯抹角，不直接说出自己的想法。女人说话喜欢拐弯抹角。男人说"我今天太累了"，那是他在诉说自己的真实感受；女人说"我今天太累了"，可能是她不想做晚饭，可能是她希望受到家人的重视，当然也可能是她真的累了。男人说"我不喜欢你"，那是他真的不喜欢你；女人说"我不喜欢你"，则可能是她一时的气话，她的心里可能根本就不是这么想的。

也许对于女人来说，这个习惯无伤大雅，因为女人都很敏感，都有着多向性的思维方式，也都习惯使用非直接语言，要

◇ 间接表达方式的利弊 ◇

女人说话习惯用隐晦语言，其实这是其间接表达方式的一种延伸。间接表达方式为女人的人际交往带来很多好处，同时也产生不少弊端。

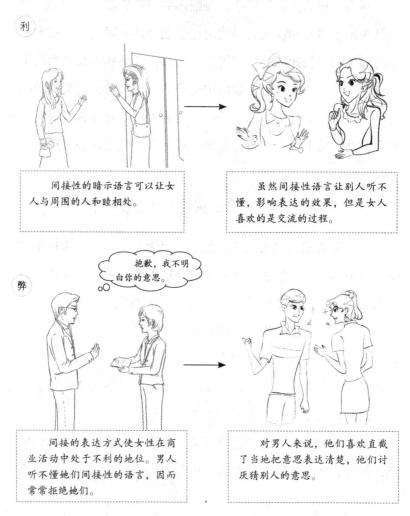

利

间接性的暗示语言可以让女人与周围的人和睦相处。

虽然间接性语言让别人听不懂，影响表达的效果，但是女人喜欢的是交流的过程。

抱歉，我不明白你的意思。

弊

间接的表达方式使女性在商业活动中处于不利的地位。男人听不懂她们间接性的语言，因而常常拒绝她们。

对男人来说，他们喜欢直截了当地把意思表达清楚，他们讨厌猜别人的意思。

猜测其他女人的想法并不难。但如果换成了男人和女人之间的交谈，那就很容易出现问题，因为男人根本就不知道女人要表达什么。男人没有女人敏感，思维方式是单向性的，习惯使用直接语言，也习惯从字面上去解读对方的语言，所以男人很难跟上女人的思维，猜出女人的真正意思。

男人猜得很累，但又不愿意询问，只能不懂装懂，因为他们不希望自己看起来很愚蠢。男人不询问，女人就会以为男人已经明白了自己的意思，可是当男人没有做出她们期望的反应时，女人又会感到很失落。

女人为什么不直接说出自己的想法呢？女人拐弯抹角的语言习惯早在很久以前就已经形成了。女人使用非直接语言主要是为了避免对抗和伤害，构建和谐融洽的人际关系。我们知道，在人类漫长的进化过程中，女人的主要精神支持并不来自男人，而是来自孩子和其他女人。男人常常要外出狩猎，女人必须和其他的女人和睦相处，以共同应对随时可能发生的危险。直接语言往往具有攻击性，很容易伤害对方，导致双方不和，而非直接语言则可以很好地避免这些问题，让女人之间和睦相处。

其实，就是在现代社会，使用非直接语言对女人来说仍然很重要，仍然是女人之间和睦相处的有效方式。女人都很敏感，直接语言很容易让女人受到伤害，影响彼此的感情。如果使用非直接语言，女人不但可以明白对方的真正意思，而且还避免了双方的冲突与尴尬，因此，女人更喜欢使用非直接语言进行交流。比如说一个女人向另一个女人询问自己新买的衣服怎么样，另一个女人则会这样回答她："这件衣服很漂亮，但是我觉得你穿那件白色的更漂亮。"得到答复之后，这个女人就会从中解读出这件衣服并不适合自己，自己穿上它其实很糟糕，而且她会觉得对方很在乎自己的感受，这会让她们的感情更好。

同样的情况，如果换一种回答方式，结果就完全不同了。比如说另一个女人的回答是这样的："你穿上它真的很难看，还是快脱下来吧！"这样的表达方式是大多数女人难以接受的，会让大多数女人觉得自己受到了伤害。尽管两种表达方式所要传递的意思是相同的，信息的接收者解读出来的意思也是相同的，但是产生的结果却是完全不同的，这就是使用直接语言和非直接语言的差别。

有的男人可能会说，既然女人使用非直接语言是为了避免冲突和伤害，那就只对其他女人使用好了，何必在与男人交流时还是拐弯抹角呢？男人会这样想是因为男人喜欢更为直接的方式，而女人不这样做是因为女人觉得使用直接语言会显得咄咄逼人，很容易造成与男人之间的冲突。也就是说，女人并不知道男人不会因为自己的直接语言而受到伤害，也不知道男人喜欢用直接语言进行交流。女人对所有人都使用非直接语言，是因为她们希望与所有人和睦相处。

女人喜欢长篇大论和喋喋不休

有很多男人表示跟女人交流效率很低，也很累，因为女人总是跑题，而且从来都抓不住要害，这让他们浪费了很多时间。很多时候，男人甚至不知道女人究竟要说什么，以至于他们不得不打断女人的话，提醒女人回到主题上来。女人通常也会很配合，马上重返主题，但用不了多久，她们就又跑题了。因此，与女人交流，男人通常会感到身心疲惫，而且还可能根本就没有结果，这是男人最难以接受的。

难道女人是在故意和男人作对吗？当然不是。事实上，女人的跑题是女人自己无法控制的。女人不像男人，男人的大脑是单向性的，这就意味着男人可以将全部注意力集中到当前的主题上。男人的专注性决定了他们会直奔主题，且在交谈的过程中始终不偏离主题。

女人的大脑是多向性的，且左右大脑联系较为紧密，其感觉和思维的联系也比较密切，在交谈的过程中，当女人的感觉发生改变时，她们的思维就会随之改变，从而使她们的语言内容偏离原来的主题。

其实，女人跑题不是彻底的跑题，而是通过对其他相关事物的回想与分析，对主题做出更为合理的判断与分析。也就是说，女人会在交谈的过程中引申出其他的话题，但这些话题大多是为主题服务的。女人更倾向于站在更高的角度，着手去解决一系列问题。她们往往会从一个点开始谈起，然后慢慢扩大到一个面，由一件具体的事物引出很多相关的事物，也包括个人的想法和观点。换句话说，女人都具有"举一反三"的能力，她们的大脑总是不知疲倦地工作，将她们正在谈论的事物和在她们大脑中闪现的其他事物联系起来。所以，女人喜欢长篇大论，总是由一件简单的事情牵扯出很多其他的事物。当然，女人引申出的话题未必都对主题有所帮助，但她们必须通过这样的方式来思考和分析。也就是说，女人的跑题其实是她们内心的分析和思考过程，只是她们用语言将其表达出来了。

可是，在男人看来，女人的长篇大论根本就是没有必要的，因为这其中的很多内容对解决问题毫无帮助，直接挑有用的说不就行了吗？但对女人来说，长篇大论却是很有必要的，因为只有通过对各种情况的分析和总结，她们才能找到问题的解决办法，提出有价值的观点和建议。

男人思考问题时也会想到其他相关的事物，但不同的是男人有明确的目的，他们的思考都是围绕主题进行的，所以，在交谈中，他们自然也希望女人直奔主题，抓住问题的关键发表自己的看法，这样他们的交谈会更有效率。

殊不知，这真是难为女人了。女人的大脑根本就抓不住要害。遇到一个问题，男人希望尽快解决问题，所以他们首先会考虑问题的关键在什么地方；而女人则不同，她们并不急于解决问题，而是要马上说说问题，在说问题的过程中，自己会想到很多其他的事情，解决问题的办法也往往会在此过程中产生。

男人还有一个困惑，就是女人为什么总能喋喋不休地说个不停。让两个女人在一起说上一整天是绝对没有问题的，她们不需要什么确定的主题，也不需要什么特定的目的，仅仅是漫无目的地聊天，她们就可以聊很久。为什么女人总有说不完的话呢？这是因为女人的语言中枢非常发达，词汇储备也异常丰富，对于一个女人来说，每天说出 6000～8000 个词语是轻而易举的事。男人却没有这个本事，一个男人每天说出 4000 个词语就已经是上限了，所以男人绝不可能像女人那样喋喋不休。

女人每天都有很多话要说，如果在工作时说不完，她们就会带到家里去说，或者是在下班后找朋友一块儿聊天。两个女人逛街时总是叽叽嘎嘎，说得热火朝天，而两个男人则大多比较安静；女人打电话经常在一个小时以上，而男人打电话则讲究速战速决，一般在几分钟内就挂掉了电话。这些都是语言功能不同的表现。正是因为这种差异的存在，才使得男人在与女人交谈时经常处于被动的位置，男人才会意识到女人的喋喋不休。

◇ 为什么女人善于语言表达 ◇

女性大脑两侧都有语言功能区，当女人说话的时候，她们大脑的大多数区域处于活跃状态，这使她们的语言技能普遍较高。

对于男性来说，语言功能仅由左脑来操纵，语言功能区只存在于左脑后半球。因此男性不擅长说话。

大脑有两个特殊的部位——额叶和颞叶，这两个部位与语言技能密切相关。和男人相比，女人的额叶和颞叶比较大，所以女人更擅长通过语言表达感受。

心理学越简单越实用
XINLIXUE YUEJIANDANYUESHIYONG

喋喋不休其实是女人的一种减压方式。女人发达的胼胝体虽然为左右半脑的连接提供了更多的通道，但也同时给女人带来了麻烦：女人很难像男人那样轻易地专注于一件事情，即便放松时也不行。这就是说，女人没有办法通过放松的方式来摆脱压力，因为她们根本就无法完全放松下来。

当男人做运动或者是进行一些娱乐活动时，他们的注意力就会从左脑转移到右脑，这样就使得善于理性思维和逻辑分析的左脑得到了休息，所以他们也就可以走出日常生活的压力，让自己放松下来。但对于女人来说，要让左脑完全休息下来是不可能的，即使在她们进行娱乐活动时，她们那善于理性思维和逻辑分析的左脑仍然在高速地运转着，所以她们是不可能通过这样的方式来消除压力的。而在女人喋喋不休的诉说中，通过对各种问题的回顾，她们就可以从中解放出来，情绪也会随之好转。

当然，女人并不会跟每个人都喋喋不休。只有在面对自己喜欢的人时，女人才会喋喋不休。女人喋喋不休的对象可能是她的朋友，可能是她的父母，也可能是她喜欢和信任的异性，等等。总之，这个人必须是女人喜欢的。如果是面对自己不喜欢的人，女人是很少说话的。男人应该明白，如果有一个女人在你面前喋喋不休，说明这个女人不是喜欢你，就是信任你，她对你一定是有好感的，否则她是不会在你面前说这么多话的。

在女人看来，讲话是一种奖赏，是一种信任，只有自己喜欢的人才配拥有这种奖赏，得到这种信任。

为什么女人总是试图改造男人

很多女人结婚后都有过失望的感觉，觉得男人的表现与当初或者自己的想象相去甚远。这是由于现实跟女人的想象所产生的落差造成的。每个女人心中都有一个完美情人，她们在现实生活中苦苦寻觅，就是为了寻找自己渴望的完美情人。功夫不负有心人，当她们终于将目光锁定在某个男人身上时，她们认为自己已经找到了一生的幸福。然而事情并不像她们想象的那样，甚至可以说与她们想象中的情形相去甚远。经过一段时间的密切接触以后，女人发现男人身上有很多坏毛病是自己无法忍受的。

失望之后，女人不甘认命，就开始按照自己心中完美情人的标准去改造男人。女人或许会想：如果男人爱自己，就会愿意为自己做出改变。可真实的情况是：即使男人很爱女人，他也不会愿意为了女人而变成另外一个人。当男人的耳边总是响起女人要他做出改变的声音时，男人就会对这个女人感到厌烦。男人会想："既然不喜欢我，当初为什么还要选择和我在一起呢？总是试图把我变成另一个人，那还不如去找另一个男人，又直接又省事！何必在这儿折腾我呢？"男人的想法似乎很有道理，只可惜大多数女人没有意识到，她们已经习惯了改造身边的男人，而不是去选择另一个男人。

女人对男人的直接改造很少有成功的，因为男人都渴望被肯定，而不希望被否定。一旦男人觉得自己受到了否定，就会很快产生排斥心理。

看到男人对自己的态度越来越差，女人满心委屈：在谈恋爱时，男人明明说过愿意为自己做任何事情，现在不过是让他作一点小小的改变，他就这种态度，难道当初所说的一切都是骗自己的吗？女人对男人当初的甜言蜜语还记忆犹新，可男人却早就忘了。当初的话不过是为了哄女人开心，男人根本就没放在心上，只是女人太认真了。

相对于被改造，男人更愿意为所爱的女人付出。为女人付出，看到女人因为自己的付出而沉浸在幸福之中，男人们会觉得非常满足，这是对他们自身价值的肯定，他们有能力让自己所爱的女人快乐。如果要改变自己，那就完全不一样了。女人希望改变男人，一定是因为女人觉得男人还不够好，不能让她们满意，这会让男人觉得自己受到了否定，从而产生不快。

其实，女人也不是绝对不能改造男人。如果女人能够换一种方式，在肯定男人的前提下让男人不知不觉地改变，那就两全其美、皆大欢喜了。

◇ 如何"悄无声息"地改造男人 ◇

我最烦你管这管那的了!

避开直接改造。女人想要改造男人是为了圆她们心中的梦,男人不愿意接受改造是因为他们受不了女人对自己的否定。

在日常生活中,女人要善用悄无声息的方式,潜移默化地改变男人。

这样系上就好看多了!

善用夸奖性语言或者肯定性语言,让男人不知不觉间按照你的想法进行改变。

只要女人有爱心、耐心,加上与巧妙的心思,长期坚持下去,用积极性的言行影响男人,那么,就会惊喜地发现,你的男人已经变成或接近你喜欢的样子了。

比如说，女人喜欢男人穿衬衫，可男人却习惯了穿T恤衫，如果女人直接要求男人穿衬衫，男人一定不会听女人的，因为男人会认为女人在怀疑自己的审美能力。但如果女人在男人偶尔穿衬衫时对男人大加赞赏，称赞男人穿衬衫的样子多么潇洒迷人，男人就会觉得自己受到了肯定，以后也会逐渐增加穿衬衫的次数。再如，对于男人的某些坏习惯，女人则可以用自己的言行去影响男人。两个人长期生活在一起，受到彼此的影响是很正常的，这种影响应该说是彼此间相互适应、磨合的结果。有些男人在结婚后把烟和酒都戒了，就是因为受到了妻子的积极影响。人的本性虽然不容易改变，但是生活习惯和行为习惯却会随着生活环境的改变而发生变化。用自己的实际行动去影响男人或者用自己的真情去打动男人都是比较有效的，但一定别让男人觉得你在改造他。

　　女人如果希望男人做出改变，就一定要抓住男人的特点，策略性地改造男人。当然，女人也不能奢望男人可以变成自己想象中的那样，因为人的本性很难改变，再说女人心中的完美情人实际上也是不存在的。

婚姻为什么会有七年之痒

有资料表明，男女相爱激情一般只能维持18个月。在这18个月的时间里，双方能够如胶似漆，形影不离；18个月后，双方"黏合力"则会大大降低。可以说，当今情侣分手、夫妻离婚的频繁发生，在很大程度上是"18个月效应"在起作用。

"七年之痒"是个舶来词，出自梦露主演的影片《七年之痒》。影片故事很简单，一个结婚7年的出版商，在妻儿外出度假时，对楼上新来的美貌的广告小明星想入非非。在想象的过程中，他的道德观念和自己的贼心不断发生冲撞，最后他做出决定：拒绝诱惑，立刻赶去妻儿所在的度假地。

"七年之痒"最直接的意思是：随着时间的推移，夫妇之间的新鲜感丧失，情感出现疲惫或厌倦，从而使婚姻进入了瓶颈。

有句顺口溜说：握着老婆的手，就像左手握右手。其实，夫妻相处久了，极度的熟悉和了解可能会让夫妻忽略了经营婚姻的重要性。幸福像花儿一样，你不精心地培育、浇灌和剪枝，那花就一定不会开得鲜艳，弄不好还会在花骨朵时就早早夭折了。

在婚姻的经营上，男人绝对不如女人，尽管男人也渴望拥有美满的婚姻，但他们却对此感到无所适从，因为他们不知道究竟该怎样做。既然男人不会主动做出改变，就由女人来安排一切吧。

首先，试着跟他保持距离并给他造成适度的危机感，这是把他重新吸引到你身边的一个不错的办法。对于已经得到的女人，男人常常会失去兴趣，当然也就不会有什么激情。这就要求女人一定要保持自己对异性的吸引力，千万不要因为只专注于操持家务而让自己失去魅力。

其次，暂时抽离现在的生活。现实生活的压力是导致激情消失的重要原因，当男人整天被工作搞得晕头转向，女人被家庭琐事闹得心烦意乱时，生活的激情自然就会减少。试想连仔细欣赏对方的时间都没有，还谈什么甜甜蜜蜜呢？如果能换一个环境，情况就会完全不同了。

每个月都进行一次旅行。即使不能到风景秀丽的景区，也要到郊区或附近的城镇走一走，或者去一家温馨舒适的旅馆度过一晚，总之一定要换一种环境，而且要保证新环境的安静和舒适。

女人注重浪漫，男人追求新鲜，一个充满浪漫气息的新环境恰好可以同时满足男人和女人的愿望，让女人享受浪漫，让男人感受新鲜。即使是已经失去激情的夫妻，也很可能在这样的环境中重燃激情。

当然，男人未必会答应你，但只要他不是强烈反对，你就一定要坚持你的主张，把他带入你精心设计好的计划之中。当

◇ 怎样度过婚姻的厌倦期 ◇

　　人与人的感情关系，就像任何别的事物一样，接触得多了，就会因此产生厌烦情绪，怎样才能平稳度过婚姻的厌倦期呢？

赶紧喝点红糖水，然后你躺下我给你揉揉。

多考虑对方的感受

　　多考虑配偶的感情要求，并及时关心对方，让对方感受到自己的爱。

真不错，不过等会儿你就可以尝到我刚学会的烹饪美味了。

怎么样？我今天插花课的杰作！

提高自身修养

　　夫妻是一个共同体，只有双方共同提高修养，才会使家庭的整体修养提高。

他发现这次外出带给他的感觉是如此美妙时，他就会发现他对你仍然是非常感兴趣的，他还是像以前一样爱你，而且你们之间仍然可以充满激情。这些美好的回忆将让他对你的看法发生巨大的转变，对你们的婚姻也会有重新的定位，相信用不了多久，他就会主动约你外出度假了。

为什么男人反感闹情绪的女人

晚上10点钟，丈夫拖着疲惫的身躯回到家，刚踏进家门，坐在沙发上的妻子便对他说：

"我有件事想和你谈谈。"

"现在？这么晚？"丈夫放下手中的公文包，一脸疑惑地说。

"就是现在！"妻子啪地关掉电视，提高嗓门强调说。

"发生什么事了吗？"看到妻子好像生气的样子，丈夫有些奇怪地问道。

"最近你总是很晚回家。我知道你工作很忙。你总是忙，忙，忙！谁不忙呢？我也很忙。你忘了结婚时，你都说了些什么了吗？"妻子说完之后，望着丈夫，希望他能说些什么。

丈夫看了妻子一眼。但他没有说话，懒洋洋地坐在沙发上，然后打开了电视。

"为什么不说话？"妻子追问说。

"对不起。"丈夫似乎漫不经心地说。

"'对不起'三个字就够了吗？我每天和你一样上班，下班后接儿子，做家务，做饭，打扫房子！每天总有忙不完的事情。可是，你说过一句安慰的话吗？"妻子非常激动地说。

"我知道你很辛苦。可是我也很累。你就不能让我好好休息一下吗？"丈夫冷冷地说。

"谁不想好好休息！你以为我喜欢这样的生活吗？这样的日子我受够了！我需要你，你却总是像个机器人一样坐在那边。整天说不到几句话。我有那么让你讨厌吗？"妻子哭泣着说。

"你又来了。你就是不让我消停。我最烦你小题大作了。如果你再这样情绪化，我们就不要再谈了。"说完之后，丈夫就走进卧室，留下妻子一个人哭泣。妻子心里想："我怎么嫁给这样一个冷酷无情的人？"

人都是有情绪的，尤其是感情细腻敏感的女人。有一些小情绪会让女人显得更加可爱，更容易受到男人的青睐，但如果女人太过情绪化，就会让男人烦恼。由于不同的社会角色和生存环境，女人的情感要比男人丰富、敏感得多，她们产生情绪的门槛更低，也更容易产生强烈的情绪。男人的大脑无法理解女人的情绪化，当女人闹情绪时，他们常常会变得异常焦虑、烦躁，因为他们不知道自己该做些什么。处在情绪化中的女人常常会做出一些过激的事情来，并夸张地、用富有情感的形容词来讲述自己的感受。她们这样做是为了让男人关注自己，倾听自己，而不是真的要怎么样。对于自己这种做法的后果，她们可能根本就没有想过，因为情绪化的女人总是冲动的。当她们处在情绪化的状态时，大脑基本是停止思考的，或者说是停止理性思考的，所以她们常常做出一些莫名其妙的举动来。其实在事后清醒时，她们也会因此而感到后悔，但当时她们真的是无法控制自己的情绪。

女人这个时候只需要被关心和照顾，让她们感受到男人的爱与温暖，她们的情绪就会渐渐平静下来。可惜的是，男人并不懂得女人的真实用意，他们只是在按照自己的思维方式去理解女人的情绪化。他们觉得女人给他们出了一大堆问题，急需他们去解决，所以，他们不时地打断女人，为女人提供建议和帮助。可是男人的话往往让女人更加激动，不但女人的情绪没有任何好转的迹象，反倒还有恶化的趋势。男人很生气，因为女人根本就没有听自己说话，况且事情本没有那么严重，为什么女人那么喜欢小题大作呢？男人的脸色变得很难看，不满地对女人说："事情并没有那么严重，你反应过激了！"可是男人的话似乎对女人一点都不奏效，当男人不断向女人提供帮助但却始终不起作用时，男人就会变得焦虑、烦躁。

男人害怕失败犯错误，他们无法忍受自己解决问题的能力受到接二连三的否定。面对一个正在闹情绪的女人，男人就常常要经受这样的打击，这让他们十分苦闷。所以，男人憎恶闹情绪的女人，也不愿意接近情绪化的女人。大多数男人对自己解决问题的能力是非常自信的，但他们却对付不了正处在情绪化中的女人，这不能不说是对男人自信心的一种打击。

也许女人的反应确实有些过激，但这也不能怪女人，毕竟女人大脑的情感区比较发达，而且情感区和大脑其他功能区的连接也比较紧密，所以她们很难控制自己的情绪。

男人反感闹情绪的女人，而女人又很容易情绪化，这看似不可调和的矛盾其实也并非不可避免。女人应该明白，自己过激的情绪将会给男人造成一种挫败感，让他们的自信受到打击；男人也应该明白，女人的情绪化不过是在倾诉感受，自己完全没有必要为其提供解决方案，只要表示关心就可以了。如果男人对女人多一些体贴和关怀，如果女人对男人多一些理解和尊重，那么女人的情绪化就不会愈演愈烈，而男人也不必再为女人的情绪化而头疼了。

图书在版编目（CIP）数据

心理学越简单越实用 / 连山编著 . —北京：中国
华侨出版社，2018.3（2019.1 重印）

ISBN 978-7-5113-7375-5

Ⅰ.①心… Ⅱ.①连… Ⅲ.①心理学－基本知识
Ⅳ.① B84

中国版本图书馆 CIP 数据核字（2018）第 015528 号

心理学越简单越实用

编　　著：连　山
出 版 人：刘凤珍
责任编辑：兰　芷
封面设计：施凌云
文字编辑：张爱萍
美术编辑：刘欣梅
插图绘制：圣德文化
经　　销：新华书店
开　　本：880mm×1230mm　1/32　印张：8　字数：200 千字
印　　刷：三河市京兰印务有限公司
版　　次：2018 年 3 月第 1 版　2021 年 3 月第 4 次印刷
书　　号：ISBN 978-7-5113-7375-5
定　　价：36.00 元

中国华侨出版社　北京市朝阳区西坝河东里 77 号楼底商 5 号
邮编：100028
法律顾问：陈鹰律师事务所
发 行 部：（010）58815874　　传　真：（010）58815857
网　　址：www.oveaschin.com　　E－m a i l：oveaschin@sina.com

如果发现印装质量问题，影响阅读，请与印刷厂联系调换。